I0150263

ÉTUDE

SUR

L'ORIGINE DU MAL

DANS LEIBNIZ

PAR

L. HARDANT

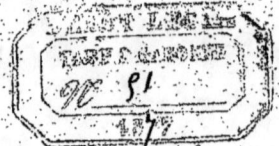

MONTAUBAN

TYPOGRAPHIE DE J. VIDALLET, RUE BESSIÈRES, 25

—

1877

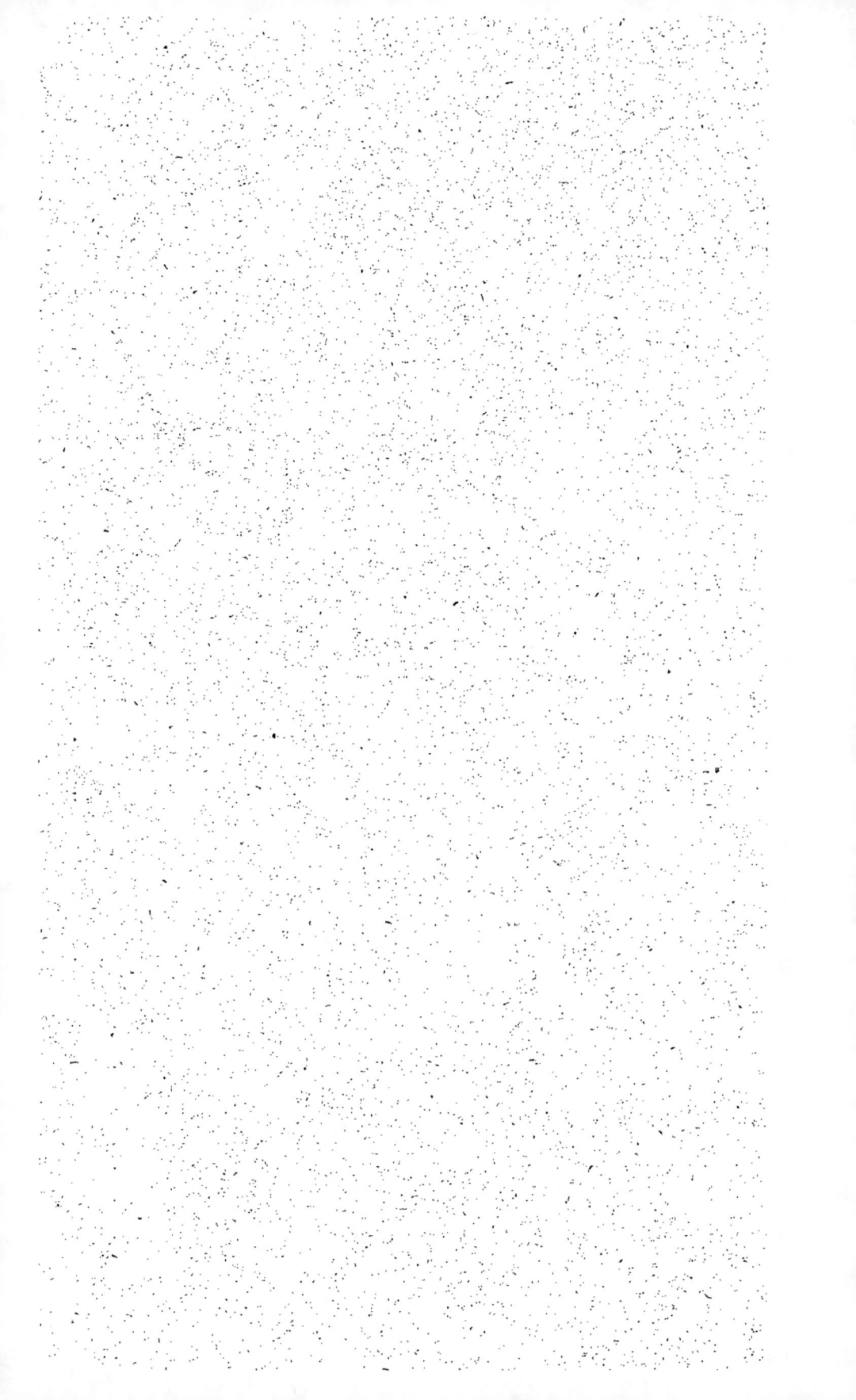

ÉTUDE

SUR

L'ORIGINE DU MAL

DANS LEIBNIZ

THÈSE

DE

BACCALAURÉAT EN THÉOLOGIE

SOUTENUE

DEVANT LA FACULTÉ DE MONTAUBAN

PAR

L. HARDANT

BACHELIER ÈS-LETTRES

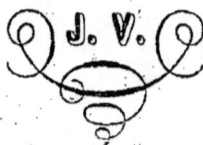

J. V.

MONTAUBAN

TYPOGRAPHIE DE J. VIDALLET, RUE BESSIÈRES, 25

—

1877

14198

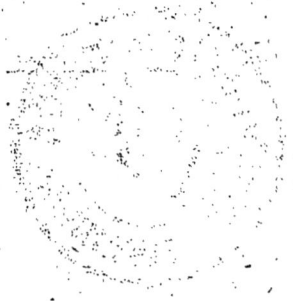

RÉPUBLIQUE FRANÇAISE.

—

UNIVERSITÉ DE FRANCE

———

Académie de Toulouse

———

FACULTÉ DE THÉOLOGIE PROTESTANTE DE MONTAUBAN

—

PROFESSEURS :

MM.

Bois, Doyen,	Morale et éloquence sacrée.
Nicolas ✳,	Philosophie.
Pédézert ✳,	Littérature grecque et latine.
Monod,	Dogmatique.
Bonifas,	Histoire ecclésiastique.
Bruston,	Hébreu et critique de l'A.-T.
Wabnitz, chargé de cours,	Exégèse et critique du N.-T.
Léenhardt, chargé d'un cours de Sciences naturelles.	

EXAMINATEURS :

MM. MONOD, *Président de la soutenance.*
BONIFAS.
BOIS.
WABNITZ.

La Faculté ne prétend ni approuver ni désapprouver les opinions particulières du Candidat.

ETUDE

SUR

L'ORIGINE DU MAL DANS LEIBNIZ

INTRODUCTION

Pourquoi le mal; d'où viennent la souffrance, le péché ? Question grave qui a passionné bien des esprits, provoqué bien des réponses dans le camp des philosophes comme dans celui des théologiens. C'est l'une de ces réponses que nous voulons examiner chez un homme qui a exercé sur le XVIIIᵉ siècle une profonde influence dont se ressent encore aujourd'hui le XIXᵉ, chez un homme dont le vaste génie a sondé tous les mystères de la pensée et ouvert aux diverses branches des connaissances humaines des points de vue dont la science contemporaine constate la justesse et la profondeur. Esprit universel et profond, éminemment synthétique, avide d'unité et d'harmonie, il a arraché à Diderot ce cri d'admiration : « Cet homme fait à lui seul à l'Allemagne autant d'honneur que Platon, Aristote et Archimède ensemble en font à la Grèce (1) ! » et à Royer-Collard cette autre parole non moins significative : « Ses erreurs mêmes sont comptées parmi les titres de gloire de l'esprit humain (2). » Mais Leibniz n'est pas seulement philosophe, historien, jurisconsulte, mathématicien, il est aussi théolo-

(1) *OEuvres*, t. VI, p. 239.

(2) *Fragments historiques à la suite des OEuvres de Reid*, t. III, p. 398.

gien. Sans parler des efforts qu'il a déployés pour réunir toutes les Églises chrétiennes sur une base commune et de tous les écrits qu'il a publiés pour le succès de cette entreprise, il a abordé, surtout, dans sa Théodicée et dans une foule de correspondances, les grandes questions théologiques à l'ordre du jour, s'efforçant de concilier avec son système et l'Écriture Sainte et les dogmes ecclésiastiques. Mais, avant d'aborder la question capitale qui va nous occuper, il est nécessaire de donner du système de Leibniz une vue d'ensemble qui nous permettra de mieux juger son point de vue et les conséquences de ses principes. Tout, en effet, se tient dans ses conceptions, tout est lié, bien qu'il ne se soit jamais astreint à donner à ses idées une forme didactique, comme l'a fait Spinosa, voulant sans doute laisser quelque chose à faire à ceux qui se donneraient la peine de l'étudier. En effet, dans les œuvres qu'il nous a laissées nous n'avons rien qui ressemble à une systématisation rigoureuse et logique; néanmoins, sous les mille digressions, sous les mille aperçus ingénieux qui rendent agréable et facile la lecture de ses écrits, se retrouvent partout et toujours les mêmes principes, la même unité ; sous des formes différentes, c'est toujours le même organisme qui reparaît. Aussi est-il difficile de séparer une partie de son système de tout le reste et de s'en faire une idée juste, sans esquisser le système lui-même. Du reste Leibniz nous en fait lui-même un devoir quand il écrit au Père des Bosses : « *Mea principia talia sunt, ut vix a se invicem divelli possint. Qui unum bene novit, omnia novit* (1). »

OUVRAGES CONSULTÉS :

Gottfr. W. Leibnizii *Opera, studio* Lud. Dutens. Genev., 1768, 6 vol. — Œuvres de Leibniz; édition A. Jacques, 2 vol. — *Nouvelles lettres et opuscules inédits de Leibniz,* par Fou-

(1) *Dutens,* II, p. 291 (Lettre du 7 novembre 1710).

cher de Careil, 1857. — *Réfutation inédite de Spinosa*, par Leibniz, publiée par le même. — *La Philosophie de Leibniz*, par Nourrisson. — *OEuvres de Maine de Biran*, par Cousin, t. IV.— *Histoire de la Philosophie européenne*, par A. Weber. — *Hist. de la Phil.*, par A. Fouillé. — *Histoire de la Phil. cartésienne*, par Francisque Bouiller. — *Etude sur la Théodicée de Leibniz*, par F. Bonifas. — *Die Theologie des Leibniz*, von Dr A. Pichler, 2 vol. — *Histoire critique des Doctrines religieuses de la Philosophie moderne*, par Christian Bartholmèss.

PREMIÈRE PARTIE

CHAPITRE PREMIER

APERÇU GÉNÉRAL DU SYSTÈME DE LEIBNIZ

Selon Descartes et Spinosa les corps ne sont qu'étendue et les esprits ne sont que pensée. Entre l'étendue et la pensée il n'y a pas d'action réciproque; les phénomènes de l'une ne peuvent s'expliquer par les phénomènes de l'autre. C'est ce dualisme que Leibniz veut faire disparaître en le ramenant à une unité vivante et réelle. Contrairement aux Cartésiens qui ne voient dans l'étendue qu'inertie et ne peuvent ainsi expliquer la vie et le mouvement qui s'y manifestent, Leibniz affirme que l'étendue suppose un effort, une force de résistance et d'expansion (1). L'essence de la matière n'est pas l'étendue, mais la force active qui en elle-même est insensible et immatérielle. Mais qu'on n'aille pas l'assimiler à la substance de Spinosa; pour le philosophe d'Amsterdam la substance est *universelle* et *unique*; pour Leibniz elle n'est ni l'un ni l'autre; il y a autant de substances, de forces qu'il y a de choses, qu'il y a d'êtres, et le nombre en est infini. Ce sont ces substances simples, c'est-à-dire sans parties, qui sont les éléments essentiels des choses, unités véritables qui font la réalité de

---

(1) « Lettre sur la Question si l'essence du corps consiste dans l'étendue. » *Dutens*, t. II, p. 234.

tout ce qui est composé et multiple. Ces forces, véritables atomes de la nature, mais atomes spirituels et indivisibles, Leibniz les appelle *monades* (1). Elles sont indestructibles, puisqu'étant simples elles ne sauraient se décomposer. Elles ne peuvent commencer ni finir naturellement. Elles ne sauraient commencer que par création et finir que par annihilation (2), c'est-à-dire par un miracle.

« Mais ces forces actives et agissantes ne sont pas la puissance nue de l'École. Elles ne sont pas une simple faculté ou possibilité d'agir qui pour être effectuée aurait besoin d'un stimulus étranger. La véritable force active est *entéléchie*,..... elle contient et enveloppe l'effort (conatum involvit) et se porte d'elle-même à agir sans aucune provocation extérieure (3). »

Ainsi donc chaque monade étant activité originelle et par là sujette à un continuel changement, parce que son développement actuel n'est jamais égal à ce que sa puissance enveloppe, c'est à elle seule qu'elle doit toute la série de ses actions, de ses développements. Elle contient en elle la loi de la série de ses opérations et se développe comme si elle était seule au monde (4), ou comme si elle était un monde à part, indépendante de toutes choses. « Chaque substance individuelle enveloppe pour toujours tous les accidents qui lui arriveront (5). » Elle est un *automate* où tout se déroule en vertu d'une loi nécessaire. Dans la série des états qui la composent chacun est la conséquence logique de celui qui le précède et l'explication de l'état qui suit. « Tout présent état d'une substance simple est natu-

(1) Édition A. Jacques. — *Monadologie*, § 1, 2, 3.
(2) *Principes de la nature et de la grâce*, § 2. — *Monad*, § 6. — Leibnizii epistola ad Fardellam. *Dutens*, II, p. 234.
(3) De primæ philosophiæ emendatione et notione substantiæ. *Dutens*, II, p. 18.
(4) Système nouveau de la nature et de la communication des substances. *Dutens*, II, p. 49.
(5) Hypothèse de la Concomitance (nouvelles lettres et opuscules de Leibniz, 1857). *Foucher de Careil*, p. 282.

rellement une suite de son état précédent, tellement que le présent y est gros de l'avenir (1). » Ainsi tout ce qui arrive dans une monade est son propre fait et ne trouve d'explication qu'en elle-même. Chaque monade forme donc un individu absolument indépendant, un petit empire dont seule elle est reine, un petit monde absolument clos, et c'est dans son intérieur et non en dehors d'elle qu'il faut chercher la raison de tous ses développements ou modifications. En un mot : « les monades n'ont point de fenêtres par lesquelles quelque chose y puisse entrer ou sortir (2). »

Et cependant quoique identiques de fond et d'essence, quoique de même étoffe, les monades sont toutes différentes les unes des autres ; dans leur multitude infinie il n'en est pas deux qui se ressemblent. Douée d'une activité spontanée qui crée toute la chaîne de ses accidents, une monade se distingue de toutes les autres et elle s'en distingue à jamais. Elle possède une activité propre, une série particulière de modifications qui lui constituent une figure, une originalité qui ne permettent pas de la confondre avec toute autre substance (3).

Mais s'il en est ainsi, si chaque monade constitue un monde à part, et si chacun de ces êtres diffère de tous les autres, nous aurons alors autant de mondes, et de mondes différents qu'il y a de monades, et que devient alors l'Univers, le Cosmos ? Leibniz trouve un principe synthétique dans l'*Analogie* des substances et dans l'*Harmonie préétablie*. Chaque monade est un empire et un empire différent de tous les autres, mais dans un juste concert avec le reste. En effet si les monades différent les unes des autres, elles se ressemblent toutes en ceci, qu'elles sont douées de *perception* et d'*appétition*. La perception n'est autre que la représentation du multiple, ou de ce qui est en dehors, dans le simple ; l'appétition est la tendance d'une perception à une

(1) *Monad*, § 22.
(2) *Monad*, § 7.
(3) *Monad*, § 9.

autre, d'une modification à une autre modification (1).
Bien que la monade soit simple, « sa simplicité n'empêche
pas la multiplicité des modifications, comme dans un
centre ou point, tout simple qu'il est, se trouve une infinité
d'angles formés par les lignes qui y concourent (2). »

Mais, comme nous l'avons vu, toutes les perceptions et
appétitions d'une monade provenant uniquement de la force
qui la constitue, elle ne peut que se percevoir elle-même,
mais ces perceptions, à un moment donné, correspondent à
toutes les perceptions ou modifications qui se passent au
même instant au sein des autres monades, et c'est ainsi qu'il
y a univers, harmonie. On pourrait comparer cette harmonie entre les substances « à plusieurs bandes de musi-
ciens jouant séparément leurs parties et placés en sorte
qu'ils ne se voient et même ne s'entendent point, qui peuvent néanmoins s'accorder parfaitement, en suivant seulement leurs notes, chacun les siennes, en sorte que celui
qui les écoute tous y trouve une harmonie merveilleuse et
bien plus surprenante que s'il y avait de la connexion entre
eux (3). » En d'autres termes chaque monade se développe
de telle manière qu'il y a accord infaillible, correspondance
parfaite avec les développements de toutes les autres monades.

« Quoique chaque substance exprime les mêmes phénomènes, ce n'est pas pour cela que leurs expressions soient
parfaitement semblables, mais il suffit qu'elles soyent pro-
portionnelles ; comme plusieurs spectateurs croyent voir la
même chose, et s'entrentendent en effect, quoique chacun
voye et parle selon la mesure de sa veue (4). » Toute substance par la figure de ses accidents « exprime l'univers à
sa façon à peu près comme une ville est diversément re-
présentée selon les différentes situations de celui qui la

(1) Première lettre à M. Bourguet. *Dutens*, II, p. 325.
(2) *Principes de la nature et de la grâce*, § 2, éd. Jacques.
(3) *Foucher de Careil* (5e lettre de Leibniz à Arnauld), p. 243.
(4) *Foucher de Careil, 1857* (Discours de métaphysique), p. 347.

regarde (1). » Chaque monade se développe donc indépendamment de tout le reste, mais de telle sorte qu'il
y a proportion gardée entre les divers points de vue
de l'Univers. « L'accroissement d'expression, de perception dans une monade correspond toujours à une
diminution d'expression dans toutes les autres. » Chaque
état d'une monade est donc déterminé par l'état de toutes
les substances constituant l'univers, et le détermine à
son tour, et si nous connaissions assez les lois des choses
nous pourrions déduire de l'état présent d'une monade
tout ce qui se trouve en dehors d'elle. C'est ainsi qu'il faut
entendre l'expression de Leibniz : « La monade est un
miroir vivant, perpétuel de l'univers (2).

Les substances représentant l'univers chacune à sa
façon, comme leur nombre est infini, il y aura une infinité
de points de vue, mais les différences qui les distinguent
seront infiniment petites, comme un spectateur faisant le
tour d'une ville, pour chaque pas qu'il fait, a de cette ville
un point de vue nouveau, mais infiniment peu différent du
précédent. A la lumière du *principe de continuité* (3), pas
d'hiatus dans la série des monades, pas d'anneau qui manque à la chaîne. On va d'un être à un autre et aussi d'une
de ses modifications à celle qui la suit par des transitions
insensibles et habilement ménagées. Leibniz répète avec les
scolastiques la formule populaire de la loi de continuité :
« natura non facit saltus. (4) » Il y a donc progrès et progrès continu d'une monade à l'autre dans les développements et représentations qui constituent son individualité ;
c'est qu'en effet toutes les substances ne perçoivent pas
l'univers au même degré, sous le même angle ; il y a gra-
dation dans le mode de représentation du cosmos par les

(1) *Foucher de Careil* (idem), p. 339.
(2) *Monad,* § 56.
(3) *Théodicée,* § 348.
(4) *Nouveaux Essais,* Avant-Propos, éd. Jacques.

êtres qui la composent. Au plus bas degré de l'échelle se trouvent les monades toutes *nues* dont toutes les perceptions sont obscures et inconscientes. C'est un état identique à celui où nous sommes « quand nous ne nous souvenons de rien et n'avons aucune perception distinguée comme lorsque nous tombons en défaillance ou quand nous sommes accablés d'un profond sommeil sans aucun songe. Dans cet état l'âme ne diffère point sensiblement d'une simple monade (1) » puis viennent, toujours par degrés insensibles, ce que Leibniz appelle à proprement parler les *âmes* et qui ne sont autre chose que l'âme des bêtes. Dans ces êtres les perceptions sont plus distinctes et accompagnées de *conscience* et de *mémoire* (2). Enfin, quand à côté des perceptions obscures se trouvent des perceptions tout à fait claires et qu'à la conscience et à la mémoire vient s'ajouter la *raison* (3), la monade est alors un esprit, telle la monade humaine. Son activité se compose des pensées distinctes, des vérités nécessaires et universelles, notions ou principes innés, fondement des mathématiques, de la physique et de la métaphysique, et qui reposent sur le grand *principe de contradiction* ou *d'identité* dont la formule peut s'exprimer ainsi : « Le même ne peut pas à la fois être et n'être pas (4). » Ou encore : « de deux propositions contradictoires l'une est vraie et l'autre est fausse (5) ; » puis des perceptions les unes claires, les autres confuses, perceptions insensibles, sans conscience, formant ensemble les vérités de fait, d'expérience ou de contingence, c'est-à-dire dont le contraire est possible, qui se fondent sur l'autre grand principe rationnel, *le principe de raison suffisante* en vertu duquel « jamais rien n'arrive sans qu'il y ait une

---

(1) *Monad*, § 20. — Responsio Leibnizii ad VI Epist. Bierlingii; Dutens, V, p. 373.

(2) *Monad*, § 26.

(3) *Monad*, § 27.

(4) *Nouveaux essais*, p. 35.

(5) *Théod.*, § 44. — *Monad*, § 31.

cause ou du moins une raison déterminante, quelque chose qui puisse rendre raison *à priori*, pourquoi cela est existant plutôt que de toute autre façon, » — « quoique ces raisons le plus souvent ne puissent point nous être connues (1). »

Nous avons donc une hiérarchie ascendante depuis la monade la plus simple jusqu'à l'âme humaine, qui se distingue de toutes les autres par les qualités supérieures de la raison. En vertu de cette hiérarchie, les monades les plus parfaites règnent, les moins parfaites obéissent. Dans tout corps vivant, dans tout être organisé, il y a une monade centrale, unique, que nous appelons l'âme de la plante, de l'animal, de l'homme, et les monades inférieures qui se groupent autour d'elle comme pour la servir et former ce qui s'appelle le *corps*. Toutefois, cette domination de la monade centrale n'est que purement *idéale* (2), puisque, comme nous l'avons vu, les substances ne peuvent ni exercer ni recevoir d'influence quelconque. Les monades servantes ne se subordonnent à la monade centrale que parce que leur propre nature les y oblige. C'est de cette façon que s'expliquent les rapports du corps et de l'âme. « Mon système, dit Leibniz, fait que les corps agissent comme s'il n'y avait point d'âmes et les âmes comme s'il n'y avait point de corps, et que tous deux agissent comme si l'un influait sur l'autre (3). » Les lois, en effet, qui régissent les substances corporelles et celles qui régissent les esprits sont en parfaite harmonie, il y a accord entre le règne des causes efficientes, lois des mouvements des corps, de nécessité toute géométrique, et le règne des causes finales de nécessité morale ou lois des appétitions des âmes, en vertu d'une harmonie préétablie grâce à laquelle les monades constitutives du corps s'accordent nécessairement avec les monades pensantes. Quant aux

(1) *Théod.*, § 44. — *Monad*, § 32.
(2) *Monad*, § 51. — Lettre à M. Dangicourt ; *Dutens*, III, p. 499.
(3) *Monad*, § 81.

choses inorganiques, elles sont comme le corps un agrégat de substances, mais avec cette différence qu'elles ne sont sous la direction d'aucune monade reine qui les domine.

Mais les corps, dira-t-on, sont étendue, sont matière, et nous savons que l'univers ne se compose que de monades, substances essentiellement spirituelles, indivisibles, inétendues ; qu'est-ce alors que l'étendue, que la matière divisible à l'infini? « Oui, répond Leibniz, il n'y a que des monades dans la nature, mais le reste n'est que l'ensemble des phénomènes qui en résultent; — je dis donc que la matière qui est quelque chose d'actuel ne résulte que des monades; c'est pourquoi j'appelle la matière non *substantiam*, sed *substantiatum* (1). » La matière n'est donc pas quelque chose de réel, c'est une simple manière dont les choses nous apparaissent. Comme le temps, la matière n'est pas une chose, *non res*, mais un *ordo rerum* (2). Elle n'a rien d'absolu, n'offrant aucun des caractères de la substance, elle n'est point un attribut mais quelque chose de purement relatif. Si le temps est un ordre de successions, l'espace est un ordre de coexistences entre les monades (3).

Ainsi l'univers n'est composé en réalité que de monades dont les degrés de perfection consistent dans l'accroissement des perceptions distinctes que produit en elles le développement de leur force active. Toutes les monades, même l'âme humaine, sont limitées et imparfaites. Bien que nous soyons doués de raison, nous sentons que nous ne sommes point la cause de notre être, que si nous occupons sur l'échelle des forces un rang distingué, nous n'avons nullement le rang suprême. Contingents que nous sommes au même titre que l'univers, il faut en vertu du principe de *raison suffisante* « chercher la raison de l'existence du monde qui est l'assemblage des choses contingentes, et il faut la cher-

(1) Lettre à M. Dangicourt; *Dutens*, III, p. 449.
(2) *Réfutation de Spinosa*, par Leibniz.
(3) *Dutens*, II, p. 79.

cher dans la substance qui porte la raison de son existence avec elle, laquelle par conséquent est éternelle et nécessaire (1). » Cette substance éternelle et nécessaire, c'est *Dieu*, « unité primitive ou substance simple originaire dont toutes les monades créées sont des productions et naissent, pour ainsi dire, par des fulgurations continuelles (2). » — « Cette substance simple primitive doit donc renfermer éminemment les perfections contenues dans les substances dérivées (3). » — « Ses attributs ce sont les nôtres, mais élevés à l'infini. » — « Dieu est *intelligence*, car ce monde qui existe étant contingent, et une infinité d'autres étant également possibles et également prétendants à l'existence, il faut que la cause du monde ait eu égard ou relation à tous ces mondes possibles pour en déterminer un. Et cet égard ou rapport d'une substance existante à de simples possibilités, ne peut être autre chose que l'*entendement* qui en a les idées ; et en déterminer une ne peut être autre chose que l'acte de la *volonté* qui choisit. Et c'est la *puissance* de cette substance qui en rend la volonté efficace. La puissance va à l'*être*, la sagesse ou l'entendement au *vrai*, et la volonté au *bien*. Et cette cause intelligente doit être infinie de toutes les manières et absolument parfaite en *puissance*, en *sagesse* et en *bonté*..... Son entendement est la source des *essences*, et sa volonté est l'origine des *existences* (4). »

C'est alors que Leibniz établit sa célèbre théorie de l'*optimisme* qu'on peut ramener aux deux propositions suivantes : — Il y a une infinité de mondes possibles ou prétendant à l'existence : — Parmi tous ces mondes possibles, Dieu a choisi le meilleur. — Pour appuyer ces thèses, Leibniz produit deux sortes de preuves.

Preuves à priori. — Notre monde étant contingent, c'est-

(1) *Théod.*, § 7.
(2) *Monad*, § 47.
(3) *Principes de la nature et de la grâce*, § 9.
(4) *Théodicée*, § 7.

à-dire pouvant exister autrement, et ayant été créé par un Dieu sage et parfait, ne peut être que le meilleur des mondes. Leibniz qui semble avoir été admis au conseil du Créateur nous parle de tous les mondes possibles qu'avant de créer Dieu fait passer devant lui pour discerner quel est le meilleur. « Chaque possible ayant droit de prétendre à l'existence à mesure de la perfection qu'il enveloppe (1), » Dieu dont l'intelligence est infinie et qui peut pénétrer ainsi d'une seule vue chacun des univers qui comparaissent devant lui (2), s'arrête, en vertu de sa bonté infinie, au choix de celui qui, dans la série continue de ses êtres et de ses développements, contient le moins de mal et le plus de bien possibles. Il ne s'arrête point aux détails, mais il considère l'ensemble et son choix se fixe sur celui qui, toutes choses considérées, l'emporte en perfection sur tous les autres. Il est vrai que Dieu, en vertu de sa toute-puissance, métaphysiquement, pouvait réaliser l'un ou l'autre de la série des univers, mais, moralement parlant, il ne le pouvait pas (3) sans que sa bonté et sa perfection en fussent infirmées. « Je ne crois pas, dit Leibniz, qu'un monde préférable au nôtre soit possible, autrement il aurait été préféré (4). » — « Il s'ensuit donc de la perfection suprême de Dieu, qu'en produisant l'univers il a choisi le meilleur plan possible où il y ait la plus grande variété avec le plus grand ordre; le terrain, le lieu, les temps les mieux ménagés; le plus d'effet produit par les voies les plus simples; le plus de puissance, le plus de connaissance, le plus de bonheur et de bonté dans les créatures que l'univers en pouvait admettre (5). »

Preuves à posteriori. — Mais l'expérience ne vient-elle pas donner un cruel démenti à toutes ces déductions rigoureu-

(1) *Monad.*, § 54.
(2) *Grotefend, Briefwechsel*, p. 10.
(3) *Théod.*, § 234.
(4) *IVᵉ Lettre à M. Bourguet. Dutens*, II, p. 326.
(5) *Principes de la nature et de la grâce*, § 10. — Voir aussi *Théod.*, § 414-416.

ses de la raison? Ce monde rempli de souffrances, de misères, d'imperfections serait le meilleur ! Oui, répond
Leibniz, et pour nous en convaincre les preuves d'expérience ne nous font pas défaut. Au premier coup d'œil, il
est vrai, notre monde, surtout l'humanité, nous apparaît
bien plus comme un désordre que comme un État réglé par
l'harmonie (1). Mais nous ne connaissons qu'une très
petite partie de l'univers et nous aurions tort de juger l'ensemble par le détail.

Si nous couvrons un tableau remarquable, sauf un très
petit coin, que verrons-nous? un amas de couleurs sans
harmonie et désagréable à voir ; mais, si nous venons à
soulever le voile, quelle œuvre accomplie, admirable viendra frapper nos regards ! De même, tous les désordres,
toutes les douleurs ne sont rien à côté de l'ordre magnifique qui règne dans l'univers ; que dis-je, ils sont un des
éléments même de l'harmonie du monde. « Ces imperfections
sont comme les dissonances dans une excellente pièce de
musique qui contribuent à la rendre plus parfaite au jugement de ceux qui en sentent bien la liaison (2). » — A bien
examiner les choses, y a-t-il plus de maux que de biens
dans notre petit coin d'univers ? Et, « quand même il serait
échu plus de mal que de bien au genre humain, il suffit par
rapport à Dieu qu'il y a incomparablement plus de bien
que de mal dans l'univers (3). » Il ne faut pas tomber dans
cette vieille maxime que tout a été fait pour l'homme. « Il
est sûr, ose écrire Leibniz, que Dieu fait plus de cas d'un
homme que d'un lion, cependant je ne sais si l'on peut
assurer que Dieu préfère un seul homme à toute l'espèce
des lions à tous égards (4). »

En second lieu, l'univers tel qu'il est aujourd'hui et par

---

(1) *De rerum originatione radicali*, 1697. Voir *Pichler*, I, p. 221. —
Voir *Théod.*, p. 221.

(2) *Lettre à Hartsœker*, 1711. *Dutens*, II, 2ᵉ partie, p. 64.

(3) *Théod.*, § 262.

(4) *Théod.*, § 118.

conséquent notre monde dont il fait partie, n'a pas encore réalisé toutes les richesses, tous les bonheurs qu'il recèle encore en lui dans sa virtualité qui, à l'heure qu'il est, est grosse de tout un avenir de progrès et de perfections. Il n'est point encore tel que Dieu l'a conçu dans la suite infinie de ses développements. L'univers est appelé à parcourir une série sans fin de degrés de perfection pendant toute l'éternité (1).

Tout est donc au mieux dans ce monde, non pas au regard de chacun, ni même à celui de l'humanité, non pas même encore au regard de la création toute entière considérée en un point fixe du temps, mais au regard de ses développements dans l'éternité à venir. Tel est en résumé le système de Leibniz qui trouve son couronnement dans la théorie de l'optimisme. Nous pouvons maintenant aborder plus utilement la question de l'origine du mal que nous en détachons.

CHAPITRE II

ORIGINE DU MAL

C'est dans ses *Essais de Théodicée* que l'auteur de la théorie de l'optimisme a traité d'une manière toute spéciale la question qui va nous occuper maintenant. Les attributs de Dieu, avait dit Bayle, sont incompatibles avec la dure réalité du mal, avec l'affligeant spectacle de la souffrance physique, avec la vue révoltante des malheurs immérités. S'il a voulu, mais n'a pu empêcher le mal, que devient sa toute-puissance? S'il l'a seulement permis, que deviennent sa bonté, sa sainteté? N'est-ce pas à lui tout le premier que doit retourner l'imputation? N'est-il pas le premier et le grand coupable? A ces objections Leibniz s'émeut, et, pressé par son amie la reine Sophie-Charlotte de Prusse, il prend la plume pour rassurer les âmes pieuses

(1) *Théod.*, § 202.

et répondre à l'inépuisable contradicteur de Rotterdam dans ses *Essais sur la Bonté de Dieu, la Liberté de l'homme et l'Origine du mal*, chaleureuse tentative de justification de Celui dont il veut « défendre la toute-puissance, venger la sagesse, la bonté et la justice (1). »

Leibniz commence par écarter l'opinion, déjà très ancienne, que le mal en général vient de la matière. Les anciens, dit-il, attribuaient la cause du mal à la matière qu'ils croyaient incréée et indépendante de Dieu, mais nous qui dérivons tout être de Dieu qui est la raison première des choses, nous en chercherons la cause autre part (2). Pour faciliter sa tâche, Leibniz distingue trois espèces de maux : le mal *métaphysique*, le mal *moral* et le mal *physique*. Le premier est la racine des deux autres en ce sens que s'il n'y avait pas de mal métaphysique il n'y aurait ni mal physique ni mal moral (3), mais seul il est *nécessaire*, tandis que les autres ne sont que *possibles* (4).

Le mal *métaphysique* n'est autre que l'*imperfection* naturelle. Il a pour origine « la nature idéale de la créature en tant qu'elle est contenue dans les vérités éternelles qui sont dans l'entendement de Dieu, indépendamment de sa volonté. Car il faut considérer qu'il y une *imperfection originale* dans la *créature* avant le péché, parce que la créature est limitée essentiellement, d'où vient qu'elle ne saurait tout savoir et qu'elle se peut tromper et faire d'autres fautes (5). » En d'autres termes, Dieu n'aurait pas eu besoin de créer le monde, car la création est un acte de sa libre volonté (6), mais du moment qu'il voulait en créer un, le mal était inévitable. Il était aussi impossible à Dieu de créer des êtres parfaits et infinis que de créer un autre

---

(1) *Gurhauer, Leibniz Biographie*, t. II, p. 246.
(2) *Théod.*, § 20.
(3) *Lettre à M. Bourguet*, 1715. *Dutens*, II, p. 329.
(4) *Théod.*, § 21.
(5) *Théod.*, § 20.
(6) *Théod.*, § 228.

lui-même. Être créé et être infini sont deux termes absolument contradictoires. La notion même de créature implique celle d'imperfection ; toute créature doit donc nécessairement être limitée, autrement elle ne saurait être une
créature, et c'est cette limitation essentielle et originelle
qui constitue le mal métaphysique. On ne peut donc l'im-
puter à Dieu et l'en rendre responsable, puisqu'il se trouve
impliqué dans la nature idéale des créatures, objet de l'entendement de Dieu, indépendamment de sa volonté et qu'il
est la condition nécessaire et logique de la création, laquelle
à son tour est un effet de l'infinie bonté du Créateur. Mais
si le mal d'imperfection est naturel, nécessaire, il ne saurait en être de même du mal physique et du mal moral qui
ne sont que possibles.

Mal physique. — Comme préface à ses réflexions, Leibniz
fait remarquer que tout compté il n'y a pas autant de maux
physiques que des esprits chagrins se plaisent à le dire.
« Ceux qui sont d'humeur, dit-il, à se louer de la nature et
de la fortune et non pas à s'en plaindre, quand même ils ne
seraient pas les mieux partagés, me paraissent préférables
aux autres ; car, outre que ces plaintes sont mal fondées,
c'est murmurer en effet contre les ordres de la Providence.
Il ne faut pas être facilement du nombre des mécontents
dans la république où l'on est, et il ne le faut point être du
tout dans la cité de Dieu où l'on ne peut l'être qu'avec in-
justice (1). » — « M. Bayle dit que l'homme est malheureux, qu'il y a partout des prisons et des hôpitaux, que
l'histoire..... n'est qu'un recueil des infortunes du genre
humain. Je crois qu'il y a là de l'exagération et qu'il y a
incomparablement plus de bien que de mal dans la vie des
hommes, plus de maisons que de prisons (2). » — « Je ne
m'étonne pas si les hommes sont malades quelquefois, mais
je m'étonne qu'ils le soient si peu et qu'ils ne le soient point
toujours (3). » Dire que la somme des maux surpasse celle

(1) *Théod.*, S. 15.
(2) *Théod.*, § 148.
(3) *Théod.*, § 14.

des biens, c'est se tromper étrangement. « Ce n'est que le défaut d'attention qui diminue nos biens, et il faut que cette attention nous soit donnée par quelque mélange de maux. Si nous étions ordinairement malades et rarement en bonne santé, nous sentirions merveilleusement ce grand bien, et nous sentirions moins nos maux ; mais ne vaut-il pas mieux néanmoins que la santé soit ordinaire et la maladie rare (1) ? » — « Goûte-t-on, en effet, assez la santé et en rend-on assez grâce à Dieu sans jamais avoir été malade, et ne faut-il pas le plus souvent qu'un peu de mal rende le bien plus sensible, c'est-à-dire plus grand (2) ? » Les ombres rehaussent les couleurs, et même une dissonance placée où il faut donne du relief à l'harmonie. Et même, continue Leïbniz, il serait par trop fade qu'il n'y ait aucune espèce de mal dans le monde. On ne peut se borner à ne manger que des choses sucrées : « Dulcia non meruit qui non gustavit amara. » Il en est de même de la joie ; si le plaisir est le ton dominant et exclusif il amène le dégoût ; loin d'égayer notre vie, il ne servirait qu'à la rendre monotone et décolorée (3).

Mais quelque peine qu'on se donne à prouver que les biens sont en plus grand nombre que les maux, il faut avouer cependant qu'il y a des désordres dans cette vie, et il s'agit d'en rendre raison.

La douleur, les souffrances, les désastres, les fléaux ne peuvent venir directement de Dieu. « Il ne veut point, d'une manière absolue, le mal physique,..... il le veut souvent comme une peine due à la coulpe et souvent aussi comme un moyen propre à une fin, c'est-à-dire pour empêcher de plus grands maux ou pour obtenir de plus grands biens. La peine sert aussi pour l'amendement et pour l'exemple, et le mal sert souvent pour mieux goûter le bien et quelquefois aussi il contribue à une plus grande perfection de

---

(1) *Théod.*, § 13.
(2) *Théod.*, § 12.
(3) *De rerum originatione radicali*. Voir *Pichler*, t. I, p. 267.

celui qui le souffre (1). » Leibniz reconnaît bien que les innocents souffrent quelquefois pour les coupables ; « mais, dit-il, si cela paraît être une aberration, le bien qui en naît le corrige tellement que les innocents qui en souffrent ne voudraient pas ne pas avoir souffert (2). » On se plaint qu'il y ait des bons malheureux et des méchants comblés de biens ; « mais à ces plaintes il y a double réponse : la première que l'apôtre a donnée, c'est que les afflictions de cette vie ne sont pas comparables avec la gloire future qui se révèlera en nous ; la seconde, que le Christ lui-même a suggérée par une magnifique comparaison : « Si le grain de froment, tombant dans la terre, n'était point mort, il ne porterait point de fruits. » — « C'est pourquoi les afflictions seront largement récompensées, mais encore elles serviront à l'accroissement de notre bonheur ; non-seulement ces maux servent, mais même ils sont nécessaires (3). » — Et la mort, la plus amère de nos afflictions, selon Vauvenargues, et le roi des épouvantements, selon l'apôtre, qu'est-elle pour le philosophe de l'optimisme et de l'harmonie universelle ? Sa conception diffère essentiellement de celle de l'Église et il vaut la peine de nous y arrêter. On ne doit pas prendre à la lettre les paroles du récit mosaïque de la chute comme l'a fait le dogme (pas plus qu'on n'étudierait d'après l'Ancien Testament le mouvement de la terre), comme si le plan de Dieu dans l'univers n'avait pas eu de place avant Adam pour la mort et comme si elle était entrée juste au moment où Ève a mordu la pomme. La mort ne saurait avoir le caractère d'une punition, car elle est essentiellement réclamée par le développement des choses ; elle n'est pas un renversement dans l'univers, mais quelque chose de naturel existant avant le péché et qui aurait existé sans lui. La mort physique ne saurait donc être une suite du péché. D'après la

(2) *Théod.*, § 23.
(2) *Causa Dei*, § 32, éd. Jacques.
(3) *Causa Dei*, § 53, 54, 55.

conception vulgaire, la mort consiste dans la séparation du
corps et de l'âme. Non, dit Leibniz, il n'y a jamais séparation entre l'âme et le corps, car jamais une âme n'est sans
un corps ni un corps sans une âme. Il n'y a pas d'âme tout à
fait séparée et sans corps. Dieu seul, étant un acte pur, en
est entièrement exempt (1). Chaque âme, il est vrai, ne
garde pas toujours le même corps, « portion de la matière
propre ou affectée à elle pour toujours ; tous les corps, au
contraire, sont dans un flux perpétuel, comme des ri-
vières (2) ; » mais l'âme change de corps, peu à peu, par
degrés, mais c'est toujours le même corps avec ses organes propres et distincts. Ce que nous appelons généra-
tions sont des développements et des accroissements; ce
que nous appelons *morts* sont des enveloppements ou di-
minutions. Il n'y a ni génération ni mort prise à la ri-
gueur, et l'on peut dire que non-seulement l'âme est
indestructible, mais encore l'animal lui-même (3). « Il est
naturel que l'animal ayant toujours été vivant et organisé,..... il le demeure aussi toujours. Et puisque ainsi il
n'y a point de première naissance ni de génération entièrement nouvelle de l'animal, il s'ensuit qu'il n'y en aura
point d'extinction finale ni de mort entière..... et que
par conséquent il n'y a qu'une transformation d'un même
animal selon que les organes sont pliés différemment et
plus ou moins développés; » — « soit encore que la
destruction des parties grossières ait réduit la machine
organique à une petitesse qui n'échappe pas moins à nos
sens que celle où l'animal était avant que de naître (4). »
Et ce qui est vrai de l'animal est aussi vrai de l'homme.
Homo non tantum moraliter sed etiam physice est immortalis,
pourrions-nous dire en renversant les termes de la lettre à

(1) *Monad.*, § 72. — *Essais sur l'Entendement*, liv. II, ch. 1, § 12
— *Discours de la Conformité de la foi*, § 10, éd. Jacques.
(2) *Monad.*, § 71.
(3) *Monad.*, § 77.
(4) *Système nouveau. Dutens*, II, p. 51, 52.

Wagner (1). La mort est donc aussi bien que la naissance
un changement de formes. Chaque naissance est ainsi la
mort d'une forme antérieure, et la mort la naissance d'une
nouvelle forme. La mort ne peut donc être un mal, car
elle est dans la loi des choses et la condition même de la
vie, du progrès, elle est une étape de la vie éternelle
dans le développement continu de la monade, et pour
nous le passage à un plus grand théâtre de notre activité. — Quant aux véritables maux physiques, ils ne
sont pas directement voulus de Dieu, mais simplement
permis en vue de plus grands biens et pour l'amendement
de celui qui souffre. « Les péchés traînent naturellement
leur châtiment après eux par une espèce d'harmonie
préétablie, et ces châtiments tendent toujours au bien (2). »
— « Absolument parlant, dit-il encore, on pourrait sou-
tenir que Dieu a permis le mal physique par conséquence
en permettant le mal moral qui en est la source (3) ; » et
cela pour le bien général et la félicité des créatures. Du
reste, en cette matière, l'examen du mal moral va nous
donner de plus amples éclaircissements.

Mal moral ou péché. — Comme pour le mal physique,
Leibniz se donne à tâche d'atténuer autant que possible
l'importance du mal moral. « Ce mal n'est pas même si
grand qu'on le débite : il n'y a que des gens d'un naturel
malin ou des gens devenus un peu misanthropes par les
malheurs, comme ce Timon de Lucien, qui trouvent de la
méchanceté partout et qui empoisonnent les meilleures actions par les interprétations qu'ils leur donnent (4). »
— « Je n'approuve pas les livres tels que celui... *De la
fausseté des vertus humaines.......*, un tel livre servant à
tourner tout du mauvais côté et à rendre les hommes tels
qu'il les représente (5). » — « Il est vrai que la vertu par-

(1) *Epistola ad Wagnerum. Dutens*, II, p. 228.
(2) *Lettre sur l'enthousiasme*, § 29; *Dutens*, V, p. 53.
(3) *Théod.*, § 378.
(4) *Théod.*, § 220.
(5) *Théod.*, § 15.

faite est rare, mais une éminente méchanceté ne l'est pas moins. — Tourner tout en mal et cela tout de bon, c'est faire des injustices et des jugements téméraires..... La condition humaine ne mérite pas d'être si ravalée et ce n'est pas assez reconnaître la divine bonté envers nous que de nous représenter si mauvais et si misérables (1). » A le bien prendre il y a incomparablement plus de bien moral que de mal moral dans les créatures raisonnables (2). Mais encore y a-t-il du péché dans le monde et il serait absurde de prétendre le contraire. Sans doute toute faute est blâmable, mais n'allons pas en exagérer l'importance, car souvent une faute cause un bien qui ne serait jamais arrivé sans elle. « Ne chante-t-on pas la veille de Pâques dans les Églises du rit romain :

> O certe necessarium Adæ peccatum,
> Quod Christi morte deletum est?
> O felix culpa, quæ talem ac tantum
> Meriut habere Redemptorem!.......

La où le péché a été abondant, la grâce a été surabondante ; et nous nous souvenons que nous avons obtenu Jésus-Christ lui-même à l'occasion du péché. Ainsi l'on voit..... qu'une suite de choses où le péché entre a pu être et a été effectivement meilleure qu'une autre suite sans le péché 3). »

Mais toujours reste-t-il à expliquer l'origine du mal moral. Si le mal d'imperfection émane directement de Dieu, si le mal de souffrance est quelquefois voulu par lui non immédiatement et absolument, il est vrai, mais conditionnellement en vue du bonheur de l'homme, le mal moral ou le péché n'en saurait venir en aucune façon. Si le mal métaphysique est nécessaire, le mal moral comme du reste le

(1) *Réflexions de Leibniz sur l'art de connaître les hommes.* Foucher de Careil. *Lettres et opuscules,* 1854, p. 132, 133.
(2) *Théod.*, § 219.
(3) *Théod.*, § 10, 11.

mal physique, n'est que possible en vertu des vérités éternelles. « Et comme cette région des vérités éternelles contient toutes les possibilités, il faut qu'il y ait une infinité
de mondes possibles, que le mal entre dans plusieurs d'entre
eux et que même le meilleur de tous en renferme ; c'est ce
qui a déterminé Dieu à permettre le mal (1). »

Mais s'il en est ainsi, Dieu ne veut-il pas et ne fait-t-il pas le
mal en le permettant? N'en est-il pas ainsi responsable? Non,
répond Leibniz, qu'on se garde de faire un crime à Dieu de
ce qu'il permette le mal. S'il permet le mal, ce n'est pas à
dire pour cela qu'il le veuille. Permettre et vouloir sont
deux choses absolument différentes ; et pour expliquer sa
pensée Leibniz nous avertit qu'en Dieu la volonté doit être
prise d'un double point de vue ; elle est *antécédente* ou *conséquente*. Dans ce dernier cas elle est aussi *décrétoire* (2). « Sa
volonté est antécédente lorsqu'elle est détachée et regarde
chaque bien à part en tant que bien. Dans ce cas on peut
dire que Dieu tend à tout bien en tant que bien... et cela
par une volonté antécédente. Il a une inclination sérieuse à
sanctifier et à sauver tous les hommes, à exclure le péché
et à empêcher la damnation. L'on peut même dire que cette
volonté est efficace par soi (per se) c'est-à-dire en sorte que
l'effet s'ensuivrait s'il n'y avait quelque raison plus forte
qui l'empêchât ; car cette volonté ne va pas au dernier
effort (ad summum conatum), autrement elle ne manquerait jamais de produire son plein effet, Dieu étant le maître
de toute chose. Le succès entier et infaillible n'appartient
qu'à la volonté *conséquente*..... Cette volonté conséquente,
finale et décisive, résulte du conflit de toutes les volontés
antécédentes, tant de celles qui tendent vers le bien que de
celles qui repoussent le mal ; et c'est du concours de toutes
ces volontés particulières que vient la volonté totale (3). »
De là il s'ensuit que Dieu veut *antécédemment* le bien, et

(1) *Théod.*, § 21.
(2) *Causa Dei*, § 23, 25.
(3) *Théod.*, § 22.

conséquemment le meilleur, et c'est cette dernière volonté à laquelle il s'arrête, qu'il décrète à l'existence, qu'il réalise en la faisant passer à l'acte. En d'autres termes, comme Dieu ne veut pas seulement le bien, mais aussi le meilleur, parce qu'il n'est pas seulement bonté mais aussi sagesse, « rien ne saurait être opposé à la *règle du meilleur* qui ne souffre aucune exception ni dispense. Et c'est dans ce sens que Dieu permet le péché; car il manquerait..... à sa sagesse, à sa perfection s'il ne choisissait ce qui est le meilleur, nonobstant le mal de coulpe qui s'y trouve enveloppé..... (1) » Dieu ne veut permettre le mal moral et le mal physique qu'à titre de sine quâ non ou de nécessité hypothétique qui les lie avec le meilleur. C'est pourquoi la *volonté conséquente* de Dieu, qui a le péché pour objet, n'est que *permissive*. « Dieu étant porté à produire le plus de bien qu'il est possible, et ayant toute la science et toute la puissance nécessaire pour cela, il est impossible qu'il y ait en lui faute, coulpe, péché; et quand il permet le péché c'est sagesse, c'est vertu. (2) » — Ainsi donc si le mal en général se trouve dans le monde, ce n'est point que Dieu le veuille, mais comme par la loi des choses, par l'imperfection même des créatures il se trouve engagé dans le meilleur possible, Dieu se trouve par là forcé de le permettre parce qu'il serait contraire à sa sainteté de ne pas réaliser le meilleur monde possible malgré les imperfections qu'il renferme lesquelles il ne permet en réalité que comme condition de plus grands biens.

Voilà, semble-t-il, Dieu suffisamment justifié de l'accusation d'être l'auteur du mal. Mais Leibniz ne se tient pas encore pour satisfait. Non, Dieu ne veut pas le mal; mais, comme rien dans l'univers n'arrive sans sa volonté toute puissante, et comme dans cette vie se manifestent à tout moment le péché et la souffrance, comment se produiraient-ils si Dieu n'y concourait? Leibniz absout Dieu du concours

(1) *Théod.*, § 25.
(2) *Théod.*, § 26.

physique en faisant remarquer que le mal est une simple privation, une limite. C'est Dieu qui est la cause de tout ce qu'il y a dans la créature de positif et de réel. « C'est Dieu qui donne à la créature et qui produit ce qu'il y a en elle d'être, de bon et de parfait, tout don parfait venant du Père des lumières, au lieu que les imperfections et les défauts des opérations viennent de la limitation originale que la créature n'a pu manquer de recevoir avec le premier commencement de son être par les raisons idéales qui la bornent (1). »

Laissons aller au courant d'un fleuve plusieurs bateaux de charges différentes? les moins chargés iront plus vite, et les autres plus lentement. Le courant est la cause du mouvement, mais non du retardement. Ainsi, la perfection dans toute créature vient de Dieu; mais les défauts dans son action viennent de la limitation dans sa réceptivité (2). Donner au mal un principe réel d'où il découle c'est tomber dans la conception manichéenne. Le péché, comme l'erreur, n'est qu'une privation. Je vois une tour qui de loin paraît ronde, mais qui en réalité est carrée. M'arrêter à cette pensée, c'est faire un faux jugement, mais si je pousse l'examen, si j'observe avec plus d'attention, je découvre bientôt mon erreur. L'erreur provient donc d'un manque d'attention et n'a absolument rien de positif (3). Leibniz compare encore le mal au froid et aux ténèbres qu'on n'a pas besoin d'expliquer par un principe. Il n'y a point de *primum frigidum*, ni de principe de ténèbres. Mais le caractère privatif du mal ne l'empêche pas de produire des effets terribles. Un refroidissement produit dans une arme à feu par de l'eau congelée occasionne une explosion tout aussi dangereuse que si elle avait une cause positive (4). Il en est de même pour les désordres moraux. Et si nous préci-

(1) *Théod.*, § 31.
(2) *Théod.*, § 30.
(3) *Théod.*, § 32.
(4) *Théod.*, § 153.

sons encore davantage la pensée de notre auteur, il y a en nous une volonté qui nous porte vers le bien en général, vers Dieu, perfection suprême. Cette tendance est bonne en elle-même; mais si d'un moindre bien elle ne veut point aller à un bien plus élevé, alors elle s'égare et pèche. C'est cette limitation à un moindre bien de la tendance qui doit avoir pour but le bien suprême, qui constitue le péché. Le mal vient donc, non d'une action positive de la volonté, mais plutôt d'une défaillance. *Malum causam habet non efficientem sed deficientem.* — Quoique créateur de tout ce qui existe, Dieu ne peut donc être l'auteur, le complice du mal, et il faut dire avec un philsophe antique : « Jupiter, tout vient de toi, excepté le mal qui sort du cœur du méchant. »

Si le mal ne peut venir de Dieu, c'est donc en l'homme qu'il faut en chercher la cause, c'est sa volonté qu'il faut rendre responsable des fautes qu'il commet. Sans doute la cause éloignée, la première cause du mal (1) se trouve dans la limitation des facultés de l'homme; mais la seconde, la cause prochaine, est dans la liberté de la créature raisonnable. Dans la liberté nous trouverons donc une dernière explication du mal moral et une nouvelle justification de Dieu.

Mais quelle est au juste la conception de Leibniz sur la liberté? Ce sera le sujet de notre troisième chapitre.

CHAPITRE III

LA LIBERTÉ

Leibniz écarte tout d'abord la notion de la liberté d'indifférence. La liberté n'est pas un état d'indifférence, d'équilibre. Un tel état est impossible et contradictoire, car, en premier lieu, l'univers « ne peut jamais être mi-parti, en sorte que toutes les impressions soient équivalentes de part

(1) *Théod.*, § 288.

et d'autre (1) ; » en second lieu, parce que dans le règne de la moralité, comme dans celui de la nature, tout effet a une cause, en vertu du principe de raison suffisante. « Toutes les actions sont déterminées et jamais indifférentes..... Rien ne se fait sans raison. La liberté d'indifférence est donc impossible et ne se trouve même pas en Dieu (2). » Qu'est-ce donc que la liberté ? Nous avons vu que les monades sans exception sont douées d'une parfaite spontanéité en vertu de laquelle tout ce qu'elles contiennent se déroule en une série continue de modifications dont le passage de l'une à l'autre s'opère sous la loi d'appétition. Une monade se développe comme si elle était seule au monde, et c'est d'elle-même et non du dehors qu'elle tire la série entière des motifs, les principes de ses actes, en un mot toutes les perceptions qui la modifient. Mais ces perceptions, quoique appartenant à toutes les monades, sont chez les moins parfaites confuses et obscures et chez les plus parfaites douées de pleine conscience lorsqu'elles sont accompagnées de la raison ou intelligence. L'activité, la spontanéité intelligente, voilà pour Leibniz ce qu'est la liberté. « Il est bon de considérer que personne ne s'est encore avisé de prendre pour un agent libre une balle, soit qu'elle soit en mouvement après avoir été poussée par une raquette ou qu'elle soit en repos. C'est parce que nous ne concevons pas qu'une balle pense, ni qu'elle ait aucune volition qui lui fasse préférer le mouvement au repos (3) ; » et dans un traité intitulé *de Libertate*, Leibniz précise encore davantage sa pensée : « *Libertas est spontaneitas intelligentis, itaque quod spontaneum est in bruto vel alia substantia intellectus experte, id in homine vel in alia substantia intelligente altius assurgit et libera appellatur* (4). » — « L'intelligence est l'âme de la liberté, le reste n'en est

(1) *Théod.*, § 307.
(2) Édition Erdmann, p. 148, 149 ; voir *Hist. de la Philos*. Alf. Fouillée, p. 323, note 3.
(3) *Nouveaux Essais*, II, XXI, 9.
(4) *De Libertate*, Erdmann, p. 669.

que le corps et la base (1). » Connaître les raisons de nos actes, avoir conscience des causes qui président aux diverses évolutions et transformations de notre être, voilà ce qui nous sépare de toutes les autres monades et nous confère l'apanage exclusif de la liberté. Mais loin de conduire à la fatalité, la liaison des motifs, c'est-à-dire l'enchaînement des causes et des effets, fournit plutôt un moyen de la lever. Pour être conforme aux motifs il ne faudrait pas conclure que la volonté n'est pas libre ; bien qu'elle ne se détermine que d'après des raisons, celles-ci ne l'entraînent pas comme le poids fait pencher un des plateaux d'une balance (2) ; c'est la volonté elle-même qui se détermine d'après les motifs. Mais, à proprement parler, quels sont ces motifs ? Leibniz répond que si la volonté se détermine d'après les motifs, c'est que l'entendement les lui présente comme étant le meilleur, et si quelquefois la volonté fait el mal c'est par accident, c'est que l'intelligence s'est trompée dans l'appréciation du but à atteindre, c'est qu'elle le considérait comme bien, quand en réalité il n'en avait que l'apparence. « Le franc-arbitre, dit-il, va au bien, et s'il rencontre le mal, c'est par accident, c'est que ce mal est caché sous le bien et comme masqué. Ces paroles qu'Ovide donne à Médée :

..... Video meliora, proboque,
Deteriora sequor,

signifient que le bien honnête est surmonté par le bien agréable qui fait plus d'impression sur les âmes quand elles sont agitées par les passions (3). » Ce sont en effet les passions, c'est-à-dire les perceptions confuses, quand elles viennent se mêler aux perceptions claires qui obscurcissent ainsi nos jugements et donnent au mal l'apparence du bien. Mais toujours le motif qui entre tous les autres

(1) *Théod.*, § 288.
(2) *Réponse à la IVe réplique de Clarke*, § 15, éd. Jacques.
(4) *Théod.*, § 154.

nous détermine est celui qui nous apparaît le meilleur. Dieu seul étant pure raison, et ses perceptions étant par cela même claires et dégagées de toute passion, se détermine d'après ce qui est véritablement le meilleur. Mais, quel que soit le motif qui l'emporte sur tous les autres, quelle que soit la nature de l'inclination prévalente, celle-ci détermine toujours la volonté. Dans une lettre à M. Coste, Leibniz s'exprime ainsi : « On pourra toujours dire, à l'égard de la volonté en général, que le choix suit la plus grande inclination, sous laquelle je comprends tout, passions que raisons, vraies ou apparentes (1). » — « La prévalence des biens aperçus, dit-il encore, incline sans nécessiter, quoique tout considéré cette inclination soit déterminante et ne manque jamais de produire son effet (2).» Ainsi nos actes sont tous déterminés par nos jugements, et nos jugements à leur tour naissent de notre propre fonds, spontanément, en vertu de l'activité originelle de notre âme, font partie de la série des modifications, des développements successifs de notre être, dont un état quelconque trouve son explication dans celui qui précède et donne raison d'être à l'état qui suit.

Ce n'est pas tout. Pour qu'un acte soit vraiment libre il ne suffit pas qu'il soit spontané et conscient, il faut de plus qu'il soit contingent. Il y a, avons-nous vu, deux grands principes qui gouvernent les choses, le principe de contradiction et le principe de raison suffisante ou déterminante. De ces deux principes découlent deux sortes de nécessité différentes, une nécessité géométrique et une nécessité hypothétique. La première n'est autre que la fatalité et exclut toute contingence ; un acte, par exemple, dont le contraire impliquerait contradiction, ne saurait être un acte libre : c'est un acte fatal et nécessaire. La seconde est une nécessité toute hypothétique et repose sur le prin-

(1) *Lettre à M. Coste, 19 décembre 1707*, voir *Pichler*, t. II, p. 309, note 5.

(2) Cité de Leibniz, voir *Pichler*, idem, note 2.

cipe de raison suffisante, qui, par l'enchaînement indisso-
luble des causes et des effets, explique tous nos actes dont
le contraire est possible et n'implique point contradiction.
La nécessité hypothétique laisse donc subsister la contingence de nos actes sans les nécessiter. On peut dire des
motifs, qui reposent sur le principe de raison suffisante et
n'entraînent ainsi après eux qu'une nécessité hypothétique,
ce qu'on disait au moyen-âge des astres. « Astra inclinant
non necessitant. » Ainsi donc, trois conditions pour qu'une
action soit vraiment libre, la spontanéité, l'intelligence et
la contingence. « La liberté consiste dans l'*intelligence* qui
enveloppe une connaissance distincte de l'objet de la déli-
bération; dans la *spontanéité* avec laquelle nous nous dé-
terminons et dans la *contingence*, c'est-à-dire dans l'ex-
clusion de la nécessité logique ou métaphysique...... La
substance libre se détermine par elle-même, et cela suivant
le motif du bien aperçu par l'entendement qui l'incline
sans la nécessiter; et toutes les conditions de la liberté
sont comprises dans ce peu de mots (1). »

Si telle est la liberté, ne se trouve-t-elle pas gravement
compromise par l'harmonie préétablie? Avec une pareille
conception de la liberté Leibniz n'a pas grand peine à
prouver que la liberté est conciliable avec le système des
choses tel qu'il le conçoit. En effet, nous savons que tout
est réglé dans l'univers, que toutes les monades forment
harmonie, de telle manière que si nous avions la toute
science de Dieu nous pourrions lire dans l'état présent
d'une monade ce qui se passe au même instant dans toutes
les autres monades; et l'harmonie ne vient néanmoins en
rien compromettre la liberté. Tout se passe, en effet, dans
les êtres libres comme dans les monades toutes nues, par
exemple, la liberté n'étant que la *conscience* que nous avons
de notre développement et une monade libre différant seulement en ceci de toutes les autres qu'elle assiste, pour
ainsi dire, en spectatrice au déploiement de toutes les ri-

(1) *Théod.*, § 288.

chesses passant spontanément de la virtualité à l'acte, qu'elle sait, en vertu des vérités rationnelles, former une chaîne ininterrompue de causes et d'effets qui s'engendrent du sein même de son activité et s'harmonisent toujours avec les développements des autres substances, sans en subir aucun empêchement dans son évolution progressive. Du reste, Leibniz nous donne la clé de l'explication dans une parole que nous avons déjà citée plus haut. « Libertas « est spontaneitas intelligentis, itaque quod spontaneum est « in bruto vel alia substantia intellectus experte, id in « homine vel in alia substantiâ intelligente altius assurgit « et libera appellatur. »

Quant aux rapports de nos actions avec la prescience divine, Leibniz réfute ceux qui voudraient que la prescience de Dieu annulât la liberté de l'homme et donnât à nos actes un caractère de fatalité. Non, dit-il, la prescience divine n'implique qu'une nécessité toute hypothétique et ne compromet en rien la contingence de nos actes, c'est-à-dire la liberté. Avant de réaliser notre monde, Dieu dans son entendement a de sa vue infinie embrassé tous les êtres libres et la série toute entière des actions que chacun d'eux produirait en vertu de sa spontanéité consciente, de sa liberté. Donc ce que je ferai dans un an, dans dix ans, Dieu le prévoit, c'est-à-dire qu'il l'a déjà vu avant la réalisation de ce monde dont je fais partie, quand je n'étais dans son entendement qu'à l'état d'essence. La prévision se confond donc en Dieu avec la vision, et tout le monde sait que la vue qu'on a d'une foule, par exemple, ne saurait compromettre en quoi que ce soit la liberté des volitions, des actes de ceux qui la composent. C'est ainsi que Leibniz concilie sans peine la liberté de l'homme avec la prescience de Dieu. « Ni la futurition en elle-même, toute certaine qu'elle est, ni la prévision infaillible de Dieu... ne détruisent point cette contingence et cette liberté (1). » — « Dans la région des possibles, les contingents futurs sont repré-

(1) *Théod.*, § 52.

sentés tels qu'ils sont, c'est-à-dire contingents libres. Ce n'est donc pas la prescience des futurs contingents ni le fondement de la certitude de cette prescience qui nous doit embarrasser ou qui peut faire préjudice à la liberté (1). » Donc « la prescience de Dieu laisse la liberté à nos actions, puisque Dieu les a prévues dans ses idées telles qu'elles sont, c'est-à-dire libres (2). »

Enfin, pour ce qui est du décret en vertu duquel Dieu fait passer l'univers de l'état d'essence à celui d'existence, il ne saurait non plus, en aucune façon, porter atteinte à la liberté des être raisonnables qu'il réalise trait pour trait dans leurs caractères distinctifs comme un peintre habile réaliserait trait pour trait sur la toile l'idéal du tableau qu'il aurait conçu. Et nous savons que pour Dieu, dont la puissance est infinie, la réalisation d'une idée est infailliblement adéquate à l'idée elle-même. « Puisque le décret de Dieu consiste uniquement dans la résolution qu'il prend d'admettre certains possibles à l'existence par le mot toutpuissant de *Fiat*...., il est visible que ce décret ne change rien dans la constitution des choses et qu'il les laisse telles qu'elles étaient dans l'état de pure possibilité..... Ainsi ce qui est contingent et libre ne le demeure pas moins sous les décrets de Dieu que sous la prévision (3). »

Ainsi le mal moral a pour cause la liberté de la créature et le Créateur se trouve ainsi justifié. Comme le mal ne peut absolument pas se rapporter à Dieu cause première de ce qui existe, il faut donc en rendre responsable les causes secondes, les êtres libres, autrement Dieu serait la cause du péché et la cause unique (4).

Mais peut-on encore objecter, pourquoi Dieu qui voyait idéalement l'homme péchant et qui, par conséquent, savait qu'une fois admis à l'existence, il ne pourrait faire autrement

(1) *Théod.*, § 42.
(2) *Théod.*, § 365.
(3) *Théod.*, § 52.
(4) *Théod.*, § 392.

que de pécher, que de commettre objectivement, pour ainsi dire, ce qu'il avait déjà commis idéalement lorsqu'il était encore à l'état d'essence dans son entendement, pourquoi Dieu, dis-je, a-t-il décrété l'existence de l'homme? Pourquoi voyant idéalement Adam et Eve pécher librement, ne les a-t-il pas plutôt retenus dans les limites de l'idée pure au lieu de les faire passer à la réalité par un acte de sa volonté? Dieu ne devient-il pas ainsi complice du péché? Non, répond Leibniz, en nous ramenant à la théorie de l'optimisme que nous avons brièvement exposée à la fin du premier chapitre. Ce monde actuel avec ses misères, ses péchés n'en est pas moins le meilleur monde possible, et si le moindre mal qui s'y manifeste venait à manquer ce ne serait plus ce monde qui, tout compté, tout rabattu, a été trouvé le meileur par le Créateur qui l'a choisi (1). Quant aux maux, ils sont, nous l'avons vu, la cause de plus grands biens et ne sont en réalité qu'un presque néant en comparaison des biens qui sont dans l'univers (2). En résumé, Dieu ne fait aucune faute; on ne peut pas même souhaiter que les choses aillent mieux lorsqu'on les entend, et ce serait un vice dans l'auteur de l'univers s'il voulait en exclure le mal qui s'y trouve (3). Et « s'il n'eut point choisi — et admis à l'existence — le meilleur monde où le péché intervient il aurait admis quelque chose de pire que tout le péché des créatures, car il aurait dérogé à sa propre perfection et à celle du reste (4). »

(1) *Théod.*, § 9.
(2) *Théod.*, § 19.
(3) *Théod.*, § 125.
(4) *Causa Dei*, § 67.

DEUXIÈME PARTIE

CRITIQUE

Nous avons vu que le but de Leibniz en écrivant ses *Essais de Théodicée* est d'expliquer l'existence, l'origine du mal tout en justifiant Dieu d'en être l'auteur, le complice. Leibniz a-t-il réussi dans sa tâche ? C'est ce que nous nous proposons d'examiner dans cette seconde partie.

Leibniz, nous l'avons vu, part de la réalité du mal qu'il ne saurait nier parce qu'elle s'impose à lui par la force même des choses ; mais, à bien examiner jusqu'au bout la voie que suivent ses idées, on en vient bientôt à s'apercevoir que cette réalité même disparaît, s'évanouit pour ne laisser de place qu'à la fatalité qui ôte ainsi au mal son véritable caractère moral et le sens que lui donne toute conscience droite et honnête.

Sans doute Leibniz protesterait fortement contre une pareille conclusion, mais ses principes, par la force même des choses, le conduisent logiquement, fatalement à affirmer que le mal est un des éléments mêmes de la vie dont la suppression de l'une de ses manifestations entraînerait un trouble dans l'ordre des choses et ferait de ce monde le pire des mondes possibles. Moyen commode et expéditif de justifier Dieu d'être l'auteur du mal, puisque le mal, condition même de l'existence du meilleur monde possible, se trouve devenir par la même un bien, auquel Dieu ne saurait refuser l'existence sans manquer par là même à ses perfections. Mais lancer à Leibniz une pareille accusation c'est nous faire un devoir de la justifier, et comme Leibniz est loin d'avoir envisagé la question sous cet aspect et d'avoir entrevu les conséquences de ses propres principes, nous

prendrons compte des déclarations par lesquelles il main-
tient la réalité du mal, en examinant si ces déclarations
s'accordent avec ses conceptions métaphysiques.

L'opinion de Leibniz n'est pas, et il ne cesse de le redire,
que le mal moral et le mal physique procèdent immédiatement, nécessairement du mal métaphysique, condition
même de l'état de créature. Non, les limites de la créature
n'établissent pas la nécesité du mal, mais simplement sa
possibilité, et si le mal passe du possible à l'existence, c'est
la liberté de l'homme qui en est la cause, qui est seule
responsable des fautes qu'il commet et des châtiments qu'il
s'attire. Mais dans le système de Leibniz la liberté existe-t-
elle véritablement ? n'est-elle pas entachée de quelque
fatalisme ? et dès lors la solution donnée au problème est-
elle admissible ?

Nous avons vu ce qu'est la liberté pour notre auteur ;
c'est la conscience qu'a la monade de ses développements,
de ses manières d'être succédant spontanément les unes aux
autres sous la loi du principe de raison suffisante ou déterminante en vertu duquel l'état présent d'une monade est la
résultante de ses états précédents et l'explication logique,
mathématique, pour ainsi dire, de l'état qui suit. Le motif
le plus fort, la prévalence des biens aperçus, ce qui nous
apparaît le meilleur, dit Leibniz, incline notre volonté sans
la nécessiter. Mais qui ne voit que ce n'est là qu'une vaine
manière de parler ? Leibniz ne dit-il pas lui-même que la
prévalence des biens devient inclination déterminante et ne
manque *jamais* de produire son effet ? Et ne parle-t-il pas
quelque part de « détermination *infaillible* qui est enveloppée
dans notre contingence (1) ? » Voir là autre chose que la
pure nécessité, c'est se faire une étrange illusion ; mais
malheureusement ce n'est pas la seule que nous rencontre-
rons dans Leibniz. Quant à la contingence de nos actes qu'il
invoque pour affirmir la notion de liberté, quelle preuve
sérieuse vient-elle donner à l'appui ? Oui, le contraire de

(1) *Théod.*, § 288.

mon acte est métaphysiquement possible, je l'avoue, mais toujours est-il qu'il est la résultante des états précédents de mon être, que je ne peux pas plus empêcher de se produire, qu'une bille que je pousse ne peut s'empêcher d'être mise en mouvement. En fait de liberté la monade libre de Leibniz n'est pas mieux partagée qu'une boîte à musique à laquelle on donnerait, au moment de la remonter, la conscience, l'audition de la succession des notes et de leur mélodie, résultante des jeux divers de son mécanisme interne ; et, pour nous servir d'une expression de notre auteur lui-même, qu'une « aiguille aimantée, » ou qu'un « automate spirituel. » — « Tout est donc certain et déterminé à l'avance dans l'homme comme partout ailleurs et l'âme humaine est une espèce d'automate spirituel (1). » Cette dernière comparaison en dit plus que tout le reste et la liberté de l'auteur de la *Réfutation* ne vaut guère mieux que le déterminisme du panthéiste Spinosa. Ainsi nous expliquons-nous les tendresses de notre auteur pour le *De servo arbitrio* de Luther quand il écrit : « *Mirificè mihi placuerat liber Lutheri de servo arbitrio.* » — « Comparer l'âme à une aiguille aimantée, dit M. Saisset, et l'appeler en propres termes un automate spirituel, c'est ajouter à la nécessité morale une nécessité physique à peine dissimulée, c'est substituer à la nature des choses telles que l'expérience nous la dévoile, les combinaisons artificielles d'un système ; c'est en un mot lâcher la bride à cet esprit de spéculation abstraite et géométrique, mauvais génie de la philosophie moderne qui a trop inspiré Descartes et qui a perdu Spinosa (2). » Le tort de Leibniz est d'avoir donné à la volonté l'intelligence et ses lois comme véritable essence, quand c'est la liberté seule qui en forme le véritable fonds, et cela est si vrai que pour lui l'intelligence et la liberté sont toujours en proportion directe ; les degrés de clarté dans l'intelligence consciente constituent pour lui des degrés dans la liber-

(1) *Théod.*, § 52.
(2) *Essais de Philosophie religieuse*, t. I, p. 317.

té. Or ce n'est peut-être pas là le résultat d'une vraie
psychologie ; si l'intelligence diffère d'un être raisonnable à
l'autre, il n'est point du tout prouvé qu'il en soit de même
de la liberté dont on a dit que, de nos facultés, c'est celle
qui nous rapproche le plus de Dieu. Mais pour avoir confondu les deux facultés, pour avoir toujours cherché l'a
priori, la condition logique de tous nos actes, il en est venu
à se faire de la liberté une conception telle qu'elle n'est plus
qu'une véritable question de mécanique ou plutôt la vue, la
conscience de motifs luttant ensemble dont le plus fort entraîne la volonté aussi sûrement, aussi fatalement que dans
le règne de la nature le poids le plus fort fait pencher le
plateau de la balance où on l'a placé. La volonté dans Leibniz est donc quelque chose de purement passif, incapable
d'effort et de résistance. Il n'a pas vu dans la volonté une
véritable cause qui peut se déterminer, il est vrai, selon les
motifs les plus forts, mais qui peut aussi ne pas céder et
agir contrairement à ces motifs eux-mêmes. Souvent, il
est vrai, nous nous laissons entraîner à la passion, mais
nous sentons très-bien que, quelque forte qu'elle soit, nous
avons toujours en nous la puissance de retenir l'arc bandé
qui porte la flèche selon l'expression de Bossuet, qu'il est
également en notre pouvoir de laisser partir ou de retenir
l'arme. Aussi la véritable liberté ne peut-elle trouver place
dans le système de Leibniz, dans cet univers où tout
est lié, où tout forme machine, organisme véritable où
le moindre désordre dans l'une de ses parties se propa-
gerait au même instant jusqu'aux extrémités et arrêterait
ainsi, pour ne pas dire bouleverserait, l'harmonie des
choses. Sans doute, Leibniz a pu concilier sa notion
de la liberté avec un pareil univers puisque dans une
monade libre tout se développe comme dans un véritable
automate sans que la monade puisse en quoi que ce soit
modifier l'un de ses actes où arrêter son propre développement qui se trouve toujours en harmonie avec le reste du
monde lequel, à son tour, détermine les formes de spontanéité dans chaque monade. La vraie liberté ne ferait que

porter le trouble dans un tel univers pour en faire le pire
des mondes possibles. Nous pourrions l'appeler du nom
que Pascal donnait à l'imagination : « la folle du logis; »
elle ne ferait que mettre sens dessus-dessous les mille
rouages de la vaste machine, que déranger l'ordre des
choses et produire ainsi cataclysme sur cataclysme. Leibniz
dit bien que toute monade est spontanée, ne subit à proprement parler aucune action extérieure ; qu'importe, si nous
sommes nécessités par le fait même de notre nature? La
nécessité venant du dehors est, il est vrai, incompatible
avec la liberté, mais, à bien plus forte raison, la nécessité
interne qui la tarit dans sa source. La nécessité interne,
condition de l'harmonie, est donc incompatible avec la
liberté.

Mais comment alors expliquer le sens moral que Leibniz
donne aux maux physiques? En vérité peut-il être maintenant question de peine due à la coulpe? convient-il de dire
que la souffrance et le malheur servent pour l'amendement?
supprimer la liberté comme le fait Leibniz n'est-ce pas ôter
à la personne humaine tout caractère moral et lui enlever
par là même toute espèce de mérite ou de démérite? Pourquoi subirais-je quelque punition? mes fautes ne sont-elles
pas nécessitées par ma nature, par l'ordre de l'univers?
N'est-ce pas la plus amère des injustices d'être puni des
méfaits dont je ne saurais être responsable (1)? Mais tel est

(1) Dans une lettre à une princesse d'Allemagne, Euler rapporte
non sans malignité au sujet de cette partie du système de Leibniz une
anecdote assez piquante. « Là-dessus, écrivait-il, on a eu un exemple
bien éclatant, lorsque du temps du feu roi M. Wolf enseigna à Halle
le système de l'harmonie préétablie. Le roi s'informa de cette doctrine
qui faisait alors bien du bruit, et un courtisan répondit à sa Majesté
que tous les soldats, selon cette doctrine, n'étaient que de pures ma-
chines, et quand quelques-uns désertaient, que c'était une suite nécessaire de leur structure, et, par conséquent, qu'on avait tort de les punir,
comme on l'aurait fait lorsqu'on voudrait punir une machine pour
avoir produit tel ou tel mouvement. Le roi se fâcha si fort sur ce rapport qu'il donna ordre de chasser M. Wolf de Halle, sous peine d'être

l'aveuglement de Leibniz qu'il ne craint pas de dire : « que quelque dépendance qu'on conçoive dans les actions volontaires et quand même il y aurait une nécessité absolue et mathématique (ce qui n'est pas), il ne s'ensuivrait pas qu'il n'y aurait pas autant de liberté qu'il faudrait pour rendre les récompenses et les peines justes et raisonnables. Il est vrai qu'on parle vulgairement comme si la nécessité de l'action faisait cesser tout mérite et tout démérite, tout droit de louer ou de blâmer, de récompenser et de punir, mais il faut avouer que cette conséquence n'est point absolument nécessaire. » (Théod., §. 67). Et comme si Leibniz craignait de laisser planer quelque obscurité sur sa pensée, il écrit quelques lignes plus loin : « On inflige des peines à une bête, quoique destituée de raison et de liberté, quand on juge que cela peut servir à corriger ; c'est ainsi qu'on punit les chiens et les chevaux, et cela avec beaucoup de succès. Les récompenses ne nous servent pas moins pour gouverner les animaux, et quand un animal a faim, la nourriture qu'on lui donne lui fait faire ce qu'on n'obtiendrait jamais autrement de lui (1). » Comment expliquer de semblables paroles ? C'est qu'en Leibniz il y a pour ainsi parler deux hommes, l'homme de la logique et celui de la conscience. Le dernier parle de peines, de châtiments, de liberté, mais c'est le premier qui finit toujours par l'emporter, dépouillant ainsi ces idées de leur véritable sens et laissant à l'autre la douce illusion d'avoir maintenu la réalité de la vie morale. En effet, emporté par le courant de son système Leibniz va jusqu'à dire que si certaines créatures souffrent, innocentes ou coupables, c'est pour le bien général de l'espèce, et voilà l'individu sacrifié au bien de l'ensemble, enseignement de cruel et d'odieux fatalisme qui révolte toute conscience et

pendu, s'il s'y trouvait au bout de vingt-quatre heures. Ce philosophe se réfugia alors à Marsbourg. » Euler. *Lettres à une princesse d'Allemagne.* Deuxième partie ; lettre XVI.

(1) *Théod.*, § 69.

ne sert qu'à jeter l'angoisse et le désespoir dans les âmes que l'inflexible loi des choses a vouées au malheur. Encore une fois dans un pareil système plus de peines et de châtiments parce qu'il n'y a plus de liberté, mais des douleurs entrant comme condition de l'ordre universel pour former l'harmonie du monde et servir au progrès indéfini vers lequel tendent les choses et les êtres. Voilà la note dominante dans le système de Leibniz, la conclusion logique de l'harmonie préétablie et de la fatalité qui règne d'un bout à l'autre de son cosmos.

Mais comme nous venons de le voir si le mal ne peut avoir sa source dans la liberté des créatures il ne peut nécessairement provenir que de l'imperfection naturelle ; le péché et ses conséquences deviennent alors une suite nécessaire du mal métaphysique. Leibniz a beau répéter que les fautes que nous commettons nous les avons déjà commises un jour librement quand nous n'étions qu'à l'état d'essences dans l'entendement divin ; mais comme le décret qui nous a conféré l'existence n'a rien changé de notre nature, nous ne devions pas être plus libres alors que nous ne le sommes maintenant. Mais admettons que c'est librement que nous péchons, comme Leibniz aime à le croire, et par conséquent que c'est librement aussi que nous péchions dans l'entendement de Dieu, toujours est-il d'une manière ou de l'autre qu'en dernière instance c'est Dieu qui est la véritable cause des maux et des souffrances qui désolent l'humanité puisque c'est sa volonté qui a décrété l'existence du monde dont elle fait partie. Et je ne sais par quel pressentiment Leibniz semble comprendre que forcément il faut en arriver là quand on le voit se donner tant de peine à prouver que le mal n'est pas si grand qu'on veut bien le dire, et que dans une foule de cas il est nécessaire à la juste appréciation des biens. Les livres de la misère humaine ne lui paraissent pas des plus utiles, et le pape Innocent III ne trouve pas plus grâce à ses yeux que Bayle et Timon l'Athénien. Ce sont là des esprits chagrins et misanthropes dont les écrits n'ont d'autre mérite que de distiller

dans nos âmes un poison qui vient corrompre notre bonheur et nous rendre ingrats envers la Providence. Et puis
le mal n'a-t-il pas son utilité et sa nécessité ? n'est-il pas la
cause de plus grands biens ? Quant à la mort qu'on nous
représente comme un spectre hideux n'est-elle pas une
loi nécessaire, une condition du progrès, une étape dans la
série des existences par lesquelles nous devons passer ?
Et pour ce qui est du mal moral, « il est bon de considérer
qu'il n'est un si grand mal que parce qu'il est une source
de maux physiques (1). » En second lieu le mal n'a pas d'existence réelle, car en vertu du principe de contradiction des
réalités ne peuvent se contredire, c'est-à-dire que si le bien
existe comme principe, son contraire ne peut du tout pas
exister au même titre que lui. Comme l'erreur provient
d'une moindre attention le mal consiste, nous l'avons vu,
dans la limitation à un bien inférieur de la tendance qui
doit avoir pour but le bien suprême. Le mal est donc tout
simplement un moindre bien : « comme un moindre mal
est une espèce de bien, de même un moindre bien est une
espèce de mal (2). » Mais quelque peine que Leibniz se
donne à dépouiller le mal de son caractère positif,
toujours est-il que le mal est là et que la question
reste toujours la même : Si le mal existe et ne vient
point de la créature, Dieu seul en doit être la cause.
Que nous fussions libres ou non dans l'entendement de
Dieu toujours est-il qu'il savait de science certaine que
notre passage à l'existence entraînerait nécessairement les
fautes et les douleurs de l'état idéal et qu'ainsi sans être
cependant coupable de nos péchés, Dieu néanmoins s'en
trouve forcément l'auteur puisqu'en nous donnant l'existence il la donne en même temps au mal physique et au
mal moral ; Dieu n'eût-il pas mieux fait de nous garder à
jamais dans la région de son entendement ? A cela, répond
Leibnitz, si Dieu a donné l'existence aux êtres pêcheurs,
c'est qu'ils entrent comme des termes nécessaires dans la

(1) *Théod.*, § 26.
(2) *Théod.*, § 8.

meilleure série des choses et sont les élément constitutifs
de l'harmonie universelle, du meilleur monde possible que
Dieu ne peut s'empêcher de créer sans manquer par là
même à ses perfections. Mais Dieu ne semble-t-il pas par
là justifier cette étrange doctrine qui malheureusement
n'a trouvé que trop d'incarnations ici-bas, à savoir que
la fin justifie les moyens? n'est-ce pas agir contrairement à l'esprit de cette parole d'un philosophe antique :
« Pereat mundus, sed fiat justitia ? » Permettre ainsi le mal
pour en retirer du bien infirme singulièrement la sainteté
de Dieu. Telles sont les objections que nous sommes en
droit d'adresser à Leibniz de faire Dieu lui-même auteur
du mal en le décrétant à l'existence comme condition du
meilleur monde possible.

Mais ces objections supposent une chose, c'est que Dieu
est libre, qu'il dépend de lui de créer ou de ne pas créer le
monde idéel et idéal que conçoit son entendement. Et c'est
ce que dit Leibniz quand il donne à Dieu la liberté. Mais
nous avons vu que l'homme est si mal partagé sous ce
rapport qu'il serait bien étonnant que le Créateur plus
parfait que sa créature ne fut pas sous le joug d'une nécessité encore plus achevée. Et en effet bien que Leibniz
maintienne en Dieu la liberté, il est visible que Dieu n'est
en réalité pas plus libre de ses actes que nous ne le
sommes des nôtres. Méconnaissant ce qu'il y avait de profond dans la théorie de Descartes qui, en Dieu, subordonnait
l'intelligence et ses lois à la volonté libre, Dieu pour
Leibniz n'est qu'une intelligence, comme du reste l'âme
elle-même n'est qu'une intelligence. « *Sciendum enim est,
in Deo*, dit-il, *ut in omni intelligente, actiones voluntatis esse
natura posteriores actionibus intellectûs* (1). » — En Dieu,
comme dans tout être intelligent, les actions de la volonté
sont postérieures par nature aux actions de l'intelligence.
Et quelles sont ces actions? Ce sont les possibles qui s'or-
ganisent entre eux en séries, selon leur convenance, et qui
forment une foule de combinaisons en vertu des vérités

(1) *Responsio Leibnitii ad Bierlingiun. Dutens*, V, p. 386.

éternelles, lois logiques et absolues dont le contraire implique contradiction et qui constituent l'intelligence même de Dieu, et c'est la nature essentielle des créatures qui forme l'objet de l'entendement divin; et cette harmonisation des possibles s'élabore, pour ainsi dire, sous les yeux mêmes de Dieu sans que sa volonté puisse intervenir, et c'est la série la meilleure, le meilleur monde possible qui s'impose à la volonté de Dieu, qui l'incline et l'entraîne à lui donner l'existence. Leibniz répète que c'est par pure nécessité morale que Dieu réalise le meilleur monde possible, que métaphysiquement il est libre de créer tout autre monde moins parfait, mais qui ne voit que Leibniz se fait illusion et que sa nécessité morale n'est qu'une des faces, un des aspects de la nécessité métaphysique. En effet, la perfection du meilleur possible est le produit, la résultante des vérités nécessaires, laquelle en réalité rend impossible et contradictoire toute autre résultante, parce que seule elle est logiquement possible, comme tout problème de physique ne peut avoir qu'une seule solution. Il ne peut donc exister en réalité qu'un seul monde possible, et c'est par un abus de langage qu'il nous est parlé de plusieurs mondes possibles et d'un choix de Dieu parmi ces mondes. La raison suffisante du meilleur monde possible, qui consiste dans la perfection qu'il enveloppe, se trouve en fin de compte identifiée avec la nécessité métaphysique et logique. La volonté de Dieu se trouve donc ainsi changée en nécessité par la logique interne des lois de l'entendement divin, la création devient alors fatale et Dieu ne peut pas plus s'empêcher de créer que de penser. L'univers devient ainsi l'expression nécessaire de la pensée divine, nous voilà jetés en plein panthéisme et la toute-puissance divine se trouve définitivement annulée. Le panthéisme en effet est la conclusion logique de la Monadologie comme des Essais. Dans le premier écrit, Dieu étant monade au même titre que l'âme humaine, et « les accidents ne pouvant se détacher ni se promener hors des substances (1), » l'univers

(1) *Monad*, § 7.

n'est alors autre chose que les perceptions, que les pensées de Dieu reliées les unes aux autres par les lois de son entendement, qu'un panorama qui se déroule intérieurement dans le sein même de Dieu, et la collectivité des monades se trouve ainsi devenir une collectivité de phénomènes, de formes idéales et internes de la vie divine. Et Leibniz semble avoir entrevu cette conclusion quand il écrit : « *Quum Deus calculat et cogitationem exercet fit mundus* (1). » Dieu calcule et pense et le monde se fait. Nous avons donc ici affaire au panthéisme subjectif. Dans la Théodicée, cet univers que Dieu pense étant par cela même le plus parfait, se trouve devenir le monde objectif actuel que nous habitons, création nécessaire et fatale qui s'impose à la volonté de Dieu pour se développer selon les lois de l'harmonie universelle. Dans les Essais nous avons donc un panthéisme objectif, mais c'est la même doctrine que dans la Monadologie, la même fatalité qui règne d'un bout à l'autre du système de Leibniz qu'on l'étudie dans l'un ou l'autre de ces deux écrits, la nécessité qui prend la place de la liberté en Dieu. La différence qu'on a voulu quelquefois établir entre la théorie des monades et les Essais n'est, en réalité, qu'une différence de forme et non de fond ; c'est toujours le monde expression nécessaire de la vie divine. Il serait vraiment étonnant que celui qui a vu tant d'ordre, tant d'harmonie dans les œuvres de Dieu, n'ait point profité du parfait modèle pour en mettre quelque peu dans les siennes. Il résulte de tout cela que le mal se trouvant engagé dans le meilleur monde actuel dont il est une des conditions, vient décidément de Dieu lui-même ; il est comme une des formes, une des phases par lesquelles Dieu se développe à travers la chaîne des causes et des effets, des choses et des êtres, par une nécessité interne de son activité.

Mais précisons encore davantage l'argumentation dans le sens plus restreint de notre étude. La nature essentielle

(1) *Dissertatio de stilo philosophico Marii Nizolii. Dutens*, IV.

des créatures, qui forme le fonds même du meilleur monde possible et est nécessairement entachée d'imperfection originelle, constitue en définitive l'entendement même de Dieu, engagée qu'elle est, pour ainsi dire, dans les vérités éternelles indépendantes de sa volonté, dont Dieu n'est pas l'auteur mais qui s'imposent à lui. « Il y a véritablement, dit Leibniz, ainsi ramené à la doctrine manichéenne, deux principes, mais ils sont tous deux en Dieu, savoir son entendement et sa volonté. L'entendement fournit le principe du mal sans en être terni, sans être mauvais ; il représente les natures comme elles sont dans les vérités éternelles. Il contient en lui la raison pour laquelle le mal est permis, mais la volonté ne va qu'au bien (1). » Nous savons déjà ce qu'est là volonté en Dieu, une pure nécessité qui ne laisse plus de place à la *permission*, mais à la seule fatalité ; le principe du mal alors n'a d'autre source, d'autre refuge que l'entendement de Dieu qui se confond avec son existence elle-même, et la perfection divine se trouve ainsi gravement compromise. « Le péché est, dit en effet Leibniz, non parce que Dieu veut, mais parce que Dieu est. » — « La cause de la volonté, dit-il encore, est l'intelligence ; la cause de l'intelligence est le sens, la cause du sens est l'objet....., la volonté de pécher viendra donc des choses extérieures, c'est-à-dire de l'état présent des choses ; l'état présent vient du précédent, le précédent d'un autre état précédent, et ainsi de suite ; donc l'état présent vient de la série des choses, de l'harmonie universelle ; l'harmonie universelle vient des idées éternelles et immuables ; les idées, contenues dans l'entendement divin, viennent d'elles-mêmes sans nulle intervention de la volonté divine, car Dieu ne pense pas parce qu'il veut, mais parce qu'il est (2). » Le mal découle donc véritablement de Dieu qui se confond avec la nature essen-

_____

(1) *Théod.*, § 149.

(2) Cité par M. Fouillée d'un opuscule inédit de Leibniz : *Confessio philosophica. Hist. de la Phil.* p. 327.

tielle des créatures dont il épouse pour ainsi dire l'imperfection métaphysique. Nous sommes ainsi ramenés aux
mêmes conclusions de tout à l'heure et le mal devient une
des phases nécessaires de la vie divine, une des conditions
de l'harmonie universelle qui n'est autre que Dieu lui-
même ; et cela est si vrai que supprimer le moindre mal
serait supprimer Dieu lui-même, et Leibniz, en effet,
désignant Dieu par la lettre A et l'harmonie des choses par
la lettre B, écrit ceci : « Si A est, etiam B erit....., si B non
est, nec A erit (1). » Qu'est-ce à dire, si ce n'est que Dieu ne
permet pas seulement le mal, mais que le mal fait comme
partie intégrante de sa nature, qu'il est une des conditions
même de son existence, et par conséquent de celle de
l'univers ; ou plutôt que le mal, se trouvant logiquement
expliqué par le caractère de nécessité qu'il revêt, perd
ainsi son véritable sens et sa réalité pour devenir un bien,
puisque sans lui Dieu et le monde seraient absolument im-
possibles. La fin de la Théodicée, si l'on presse les principes
de Leibniz pour leur faire produire tout ce qu'ils contiennent, est donc en flagrante contradiction avec le commencement qui part de la réalité du mal et de la personnalité
de Dieu, se donnant à tâche de séparer à jamais ces
deux termes, qui enfin se trouvent unis et confondus, pour
perdre ainsi l'un et l'autre leurs caractères propres et
distincts. Le but de la théodicée se trouve donc complètement manqué ; aussi comprend-on sans peine que Hégel
ait appelé les *Essais* : un roman de métaphysique, et
Feuerbach : une fausse couche, l'avortement d'un esprit
qui ne sait aller qu'à mi-terme (2). ». Mais néanmoins
nous pensons que la Théodicée est une œuvre sérieuse et
n'est point du tout une plaisanterie, comme on s'est encore
plu à la désigner ; nous croyons que le noble caractère

(1) *Conf. phil.*, cité par M. Bonifas. *Etude sur la Théod. de Leib.*,
p. 175, note 1.
(2) *Exposé critique du système de Leibniz*, § 16. Voir *Bartholmess*
t. I, p. 44.

qui savait écrire à Mme de Brinon ces fières paroles : « Je
ne sais si vous pensez encore, Madame, que je raille. Il est
vrai qu'on peut avoir quelques fois sujet de s'engager sur
d'autres matières; mais je suis si pénétré de ce qui regarde
l'honneur de Dieu et la charité, que toute l'envie de plai-
santer me quitte aussitôt qu'on tombe là-dessus. Croyez de
moi ce qu'il vous plaira, mais croyez-moi sincère au moins,
et que je suis avec respect, etc... (1), a dicté, sous l'impression des mêmes sentiments, le livre des *Essais*, et si
Leibniz a cru maintenir la liberté, sauvegarder la puissance et la sainteté de Dieu, sa personnalité et la réalité
du mal, c'est d'illusion plutôt que d'autre chose qu'il con-
vient de l'accuser.

C'est sous l'empire de la même illusion que Leibniz a cru
que son système s'accordait avec les données de l'Évangile
et des Conciles. Or rien n'est plus faux que cette illusion
et la preuve est facile à établir après ce que nous avons déjà
dit. Nous avons vu que la liberté est bannie du système de
Leibniz, que tout dans l'homme est déterminé, que ses actes
sont pour ainsi dire l'exposant mathématique de sa nature.
Comment alors expliquer le remords et la responsabilité
qui nous crient que c'est bien nous qui sommes véritablement coupables de nos fautes, et que c'est à nous seuls
qu'il faut nous en prendre quand nous violons la loi du devoir. Or ce sont là des faits d'expérience intime dont aucune doctrine fataliste ne peut rendre compte sans en faire
disparaître la réalité qui s'impose souvent à nous d'une
façon si désespérante; et la même conscience qui nous accuse et nous tourmente nous dit aussi que nous sommes
les créatures d'un Dieu tout-puissant, d'une bonté et d'une
sainteté parfaites, qui n'a pu prendre plaisir à vouloir le
mal et donner l'existence à des êtres voués à la souffrance
physique et morale. Cette contradiction que Leibniz résout
d'une manière si malheureuse en portant atteinte et aux
perfections de Dieu et à la réalité du mal, la Bible vient

(1) *Lettre à Madame de Brinon.* Voir *Pichler*, t. II, p. 539.

la lever en maintenant et la sainteté divine et la dure réalité du péché et de la souffrance. Elle nous dit que Dieu,
plénitude de vie et de félicité, a librement, par pur amour,
créé des êtres semblables à lui, c'est-à-dire libres. Mais ce
n'est point entachée de mal que la créature sort des mains
du Créateur, mais c'est pure et innocente. Seulement ces
liens d'amour naturels et spontanés qui l'unissent à l'auteur de ses jours, elle sera mise en demeure, par un acte
de sa liberté, ou à les ratifier, à conformer sa volonté à la
sienne pour goûter avec lui les ineffables douceurs d'une
sainteté consciente et libre; ou, pour son malheur, à les
briser, à se séparer violemment de son Dieu, à batailler
contre lui pour s'ériger à sa place maître et seigneur, à
s'engager dans la révolte et dans le mal, brisant ainsi la
bienheureuse harmonie qu'elle était appelée à continuer
éternellement pour réaliser le monde idéal de sainteté et
de bonheur que Dieu avait conçu. Un jour en effet
l'homme est mis à l'épreuve, appelé à prendre véritablement conscience et de lui et de la volonté de son Dieu.
Le commandement est donné, mais pour sa honte et son
malheur, par je ne sais quel mystère de folie, c'est dans la
désobéissance que l'homme se reconnaît, conquiert sa personnalité, c'est par le mal qu'il commence l'essai de sa
liberté, c'est dans la lutte contre le Père qu'il s'engage au
lieu de rester uni à lui par l'amour et l'obéissance. Le Dieu
chrétien n'est donc point auteur du mal, mais c'est la
liberté de sa créature.

Rien de pareil dans le système de Leibniz. Son Dieu en
effet conçoit aussi un monde idéal, mais un monde où le
péché habite, où le bonheur et la sainteté ne sont réalisa-
bles que par le mal et la souffrance. Et quand Dieu crée,
ce n'est point à une créature pure et innocente qu'il donne
l'existence dans l'espérance qu'un jour elle confirmera par
l'exercice de sa liberté les rapports d'amour et d'obéissance qui l'unissent à Lui, mais c'est à une créature déjà
vouée au mal et dont la liberté est déjà si compromise par
la nature essentielle de son être et par les rapports qui la

lient à l'univers, qu'on n'a désormais plus rien à attendre
d'elle. Ce n'est plus ici la possibilité du mal qui préside à
la naissance de la créature, mais c'est déjà le mal lui-même.
Dans la Bible Dieu crée sans savoir si sa créature se
tournera vers le bien ou vers le mal, mais ici Dieu sait
déjà qu'elle est destinée au péché et à la souffrance conditions mêmes du progrès et de l'harmonie de l'univers dont
elle fait partie. En créant le Dieu de Leibniz devient donc
auteur du mal. Et pourtant, comme pour payer tribut à la
vérité chrétienne, la conscience de Leibniz lui dicte un jour
cette belle parole : « Mieux vaut une grande victoire avec
une légère blessure, qu'un état sans blessure et sans victoire. » Mais ce n'est là que l'intuition d'un moment où un
monde de liberté, même avec ses funestes conséquences,
lui apparaît supérieur à un monde victime de la fatalité.

Et pour ce qui est de la souffrance qui désole notre terre,
la Bible nous dit qu'elle est le châtiment et la peine qui s'at-
tachent aux pas du pécheur et que la mort est le salaire
du péché. Leibniz parle bien de peines et de châtiments,
mais nous savons ce qu'il faut en penser. Quant à la mort
elle-même emporté par la logique de son système, il n'en a
point compris le sinistre sens, pas plus qu'il ne comprendra
la mort du Calvaire. Et néanmoins encore ici, quand il dit
que la douleur sert pour l'amendement du coupable, il
semble entrevoir cette vérité chrétienne que la souffrance
peut devenir une occasion, une école de salut, et quand
il parle des malheurs des innocents, que ceux-ci sont heu-
reux d'endurer, il semble songer encore à cette autre expérience non moins chrétienne, que la souffrance est une
école de sanctification.

Une troisième différence qui sépare profondément Leibniz
du christianisme c'est l'idée qu'il se fait du mal. Pour lui
le mal est quelque chose de purement privatif, une simple
limitation, et, répétons le mot, un moindre bien. Doctrine
funeste qui change le remords en simple regret, qui
transforme le coupable en un infortuné, qui paralyse toute
véritable aspiration vers le bien, flatte notre paresse na-

turelle, nous rend toujours satisfaits de l'état où nous sommes et tranche ainsi le nerf de la vie morale. Quelle différence avec l'enseignement de l'Évangile qui relève d'une façon si énergique le caractère foncièrement positif que revêt le mal. L'Éternel dans l'Ancien-Testament et Jésus-Christ dans le Nouveau n'ont point de tendres paroles pour le péché qu'ils reprennent avec une véhémence, une indignation qui n'ont d'égales que leur amour pour le pécheur. Loin de nous représenter le péché comme une condition de l'ordre, de l'harmonie, les apôtres de Jésus-Christ et Jésus-Christ à leur tête nous le dépeignent sous les plus sombres couleurs. La chute devient pour eux la sombre tragédie qui a troublé l'ordre et l'harmonie que Dieu avait rêvés pour le bonheur de sa créature, vicié la vie même de l'homme et porté l'inimitié entre Dieu et l'humanité coupable. Leibniz semble avoir entrevu le caractère vraiment positif du mal quand il compare ses effets à l'explosion d'une arme à feu par la congélation de l'eau, mais ce n'est là qu'une exception dans le système, et conséquent avec ses principes Leibniz ne cesse de répéter que le mal est loin d'être aussi odieux qu'on se plaît à le répéter. Aussi n'a-t-il pas compris l'œuvre rédemptrice de Jésus-Christ. Il voit dans le Jésus de Nazareth moins un Sauveur qu'un prophète qu'il place sur la même ligne que Moïse et Mahomet. Il nous rappelle ces paroles d'un ami de Luther (1) : « un péché en peinture ne réclame qu'un Sauveur en peinture. » Jésus-Christ n'est pour lui qu'un législateur qui achève de faire passer la religion naturelle en loi et de lui donner l'autorité d'un dogme (2), mais non l'Agneau de Dieu, le Fils même de Dieu qui en Golgotha par ses souffrances et par sa mort expie les péchés du monde et réconcilie l'homme avec Dieu.

Un dernier point qui sépare le système leibnizien de l'Évangile, c'est que dans Leibniz le mal devient éter-

(1) Staupitz, vicaire général des Franciscains d'Allemagne.
(2) *Théod.*, préface.

nel et doit nous suivre dans les diverses existences que
nous avons à traverser. Pourquoi donc en effet la condition de l'harmonie, l'élément même du progrès disparaî-
traient-ils de notre nature? Le mal moral découlant naturellement du mal métaphysique sera donc éternel comme
le mal métaphysique lui-même. Sans doute nous nous ap-
procherons de plus en plus de Dieu, nous nous dépouillerons
petit à petit de notre imperfection naturelle, mais jamais
complètement, car alors nous deviendrions Dieu lui-même.
Mais qui ne voit que s'approcher ainsi de Dieu d'un mouvement éternel ne nous mènerait jamais à la béatitude
parfaite et deviendrait pour nous un supplice pire que celui
de Sisyphe? C'est ce que nous réserve le système de
Leibniz ; aussi est-ce par une nouvelle inconséquence qu'il
donne pour fiche de consolation aux innocents qui souffrent ici-bas l'espérance du bonheur à venir. Dans la doctrine chrétienne au contraire le mal étant un désordre, un
accident, doit finalemunt disparaître, et quant à celui qui
s'unit à Christ par la foi, la puissance du péché est vaincue
en lui, il a part aux mérites et à la sainteté de son Sauveur
et la vie éternelle lui est réservée au-delà de la tombe sans
mélange de peines et de tourments.

Et pour terminer, que dire d'un système dont les principes poussés jusqu'à leurs dernières conséquences en
arrivent, après avoir nié la liberté de l'homme, à détruire
aussi celle de Dieu, à compromettre sa sainteté, sa toute-
puissance, à faire du mal lui-même une des formes de la
vie divine, et à saper ainsi par la base, non-seulement toute
morale, mais les fondements mêmes du Christianisme. Sans
doute, Leibniz n'a pas aperçu toutes les conséquences pan-
théistiques de son système ; mais sans aller jusqu'à l'attaquer
dans ces derniers retranchements, toujours est-il que dans
un univers tel que le sien où tout est lié, où l'âme elle-même
est un pur automate, où la force représentative de la
monade est le principe de l'harmonie universelle, bien plus,
cette harmonie elle-même mais comme vue de l'intérieur
de chaque être, où l'intelligence avec ses lois logiques et

fatales préside à l'évolution de la vie morale, où par
conséquent le règne des causes finales qui régissent
les âmes vient se confondre avec celui des causes
efficientes qui gouvernent les corps, dans un pareil
univers la véritable liberté ne peut trouver place et s'en
trouve à jamais bannie. Ne pouvant faire dériver le mal
de la liberté, Leibniz est obligé d'en chercher l'origine en
Dieu lui-même, tout en finissant par le dépouiller de son
véritable sens par la place nécessaire qu'il lui donne dans
l'ordre des choses. Mais s'il n'eût confondu le mal moral
avec le mal métaphysique, s'il eût compris que la vraie
personnalité ne réside pas dans l'entendement, mais dans
la volonté libre, et que l'imperfection originelle de créature
trouve son correctif, que dis-je, son annihilation dans la
liberté, et si à la lumière de la concience psychologique et
de la conscience morale il eût conçu la liberté comme une
véritable cause, comme principe d'un nouveau commencement, d'une nouvelle création à côté de Dieu par la
créature libre capable, pour ainsi dire, de créer à nouveau
les liens d'amour qui l'unissaient à son Créateur, mais
aussi de briser ces liens, de se constituer dans la révolte, et
de se former ainsi une nature en désordre avec celle que
Dieu lui avait donnée et conçue pour son bonheur éternel,
Leibniz eût alors assigné au mal sa véritable origine et
conquis pour son système le droit d'être appelé chrétien.
Est-ce à dire que la Théodicée soit une œuvre inutile? Loin
de là. Elle nous apprend que si le système conduit à la né-
gation de la liberté de l'homme, à faire remonter le mal à
Dieu pour lui enlever finalement ce qu'il a de réel, et
d'odieux, à détruire enfin la toute-puissance et la personnalité mêmes du Créateur, c'est contre les intentions for-
melles de l'auteur qui pose comme base de son ouvrage les
réalités mêmes qu'il se donne à tâche d'expliquer, mais que
malheureusement ses principes feront disparaître. Si le but
est manqué, il reste néanmoins avec tous les efforts qu'il a
inspirés, et si Leibniz s'est bercé d'un bout à l'autre de son
livre de la douce illusion du succès, c'est une illusion qui

l'honore encore plus qu'elle ne l'accuse. Toutes les tentatives qu'il a essayées pour justifier Dieu d'être l'auteur du mal sont des titres à notre reconnaissance et témoignent hautement que, malgré ses erreurs, Leibniz doit être compté parmi les philosophes comme l'un des plus purs représentants de la conscience morale.

THÈSES

I

L'esprit ne peut sortir de lui-même. Rien ne nous dit qu'à nos perceptions corresponde quelque chose d'objectif, réellement distinct de nous. Ce que nous concevons, voyons, sentons, en un mot toutes nos idées et le monde extérieur, ne sont qu'une simple modification de nous-mêmes, qu'un système de phénomènes se déroulant dans le sein de notre être. Nous ne percevons que nous-mêmes.

II

La croyance à un moi substantiel, à un Dieu et à un monde objectifs et indépendants du moi, est un acte de foi.

III

La conscience morale doit servir de base à toute vraie métaphysique.

IV

L'homme est radicalement, mais non totalement mauvais.

V

Jésus-Christ est en tout semblable à nous, excepté dans le péché.

VI

Il est bon qu'une Église modifie sa confession de foi selon les progrès de la théologie.

Le Président de la soutenance,

J. MONOD.

Montauban, le 28 juin **1877**.

Vu par le doyen,

CHARLES BOIS.

Vu et permis d'imprimer :

Toulouse, le 30 juin 1877.

Le Recteur,

CH. DREYSS.

236

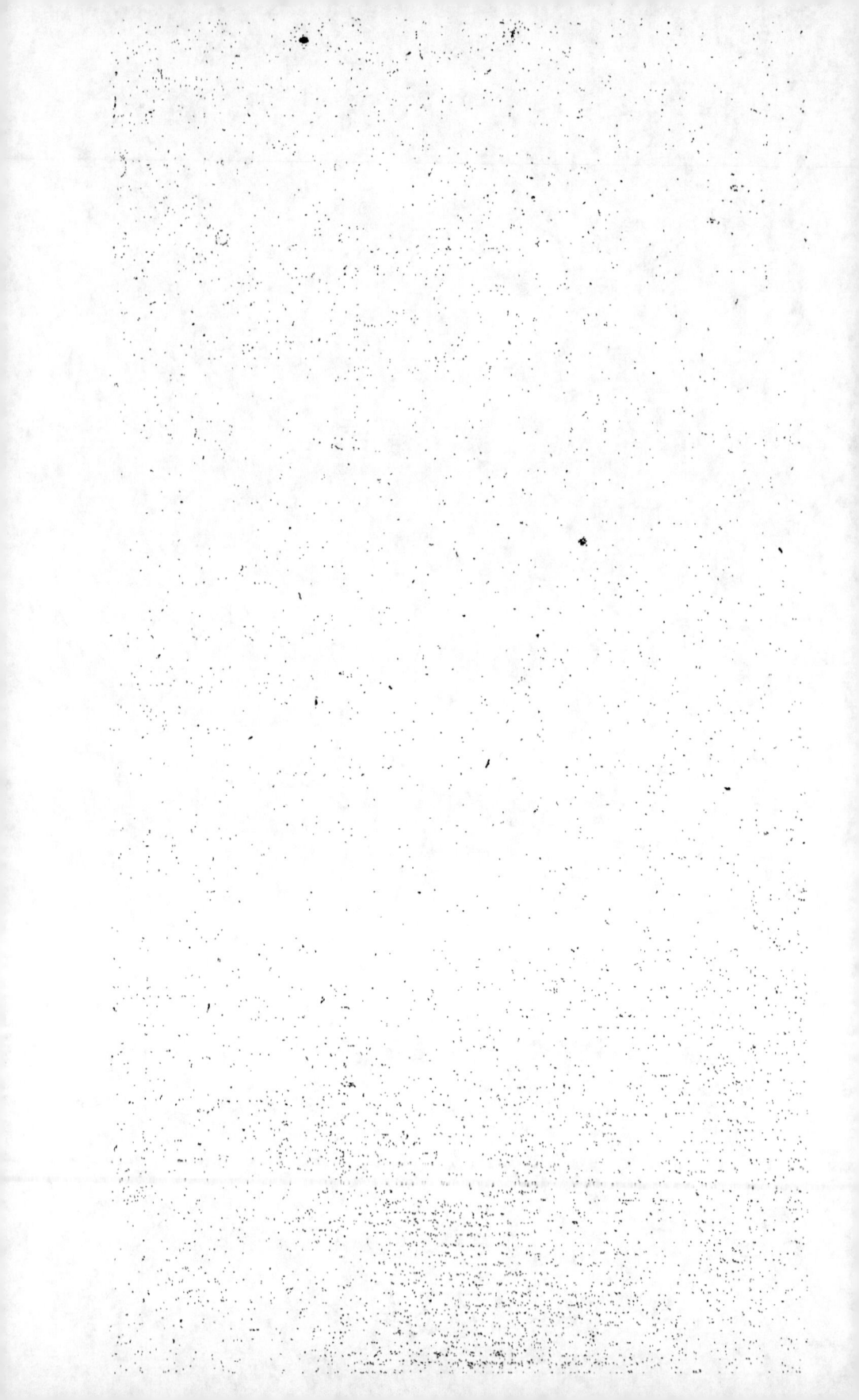

www.ingramcontent.com/pod-product-compliance
Lightning Source LLC
LaVergne TN
LVHW022135080426
835511LV00007B/1134